책을 읽는 내내 가슴이 아프고 아렸다. 한 존재가 탄생에서 죽음까지의 외줄 위를 걸으며 통과해야 했던 고통이 너무 컸기 때문이다. 고통에도 뜻이 있다는 말은 호사가들이 하는 말일 뿐이다. 고통은 맹목적이다. 그 고통에 의미를 부여할 자격은 오직 당사자에게만 있다. 보통 사람처럼 살고 싶다는 작가의 꿈은 번번이 좌절되었다. 하지만 저자는 자기에게 주어진 삶의 악조건을 빚어 아름답고 존엄한 삶을 창조했다. 그 창조적 전환이 가능했던 것은 그가 사랑했던 사람들과 그를 사랑했던 이들, 그리고 거대한 뿌리인 믿음이 있었기 때문이다. 그는 독자들에게 고통과도 함께 살 수 있다고, 삶은 그렇게 존엄한 것이라고 말한다. 엔도 슈사쿠는 "죄란 사람이 다른 한 사람의 인생 위를 통과하면서 자기가 그곳에 남긴 흔적을 잊는 것"이라고 말했다. 남편을 비롯한 지인들은 저자의 증언에 작은 기억의 조각들을 덧대 퀼트 이불과도 같은 아름다운 삶의 문양을 완성했다. 자유롭고, 용감하고, 현명하게 살고 싶은 이들에게 일독을 권한다.

김기석, 청파교회 원로목사

37년간 복합만성질환으로 고통 받은 김경아 선생님의 마지막 날들을 담은 이 책을 남편 김종호 선생님은 "유쾌하지 않은 이야기"라고 소개한다. 추천 부탁한 이가 참으로 얄궂다고 생각했다. 그가 삶과 죽음의 경계에서 상상할 수 없는 고통을 겪어 내고 있을 무렵 나는 이제 겨우 4년째 치매를 앓고 있는 아버지와 동행하며

"죽을 때까지 유쾌하게" 살고 싶다는 희망을 책으로 펴냈다. 이 책을 읽으며 나는 내가 유쾌함을 희망했던 것이 그 고통의 시간과 깊이가 아직은 견딜 만한 것이기 때문이라는 것을 인정해야만 했다. 그렇다. 이 책은 하나님을 원망하는 것조차 버거운 극한의 고통을 버텨 온 사람과 그의 곁 가족의 이야기다. "살려 달라"는 요청과 "이제 거두어 달라"는 요청이 동시에 존재할 수밖에 없는 경계의 시간에 관한 이야기다.

어느 철학자의 지적처럼, 어리석은 인간들은 죽음의 현사실성에도 불구하고 이 경계의 시간을 자신의 문제로 겸허하게 직면하기보다 그저 죽을 수밖에 없는 인간 보편의 숙명으로 치부하며 자신의 죽음을 대면하는 일로부터 최대한 오랫동안 도망치려 한다. 그러한 현실에서 김경아 선생님과 남편 김종호 선생님의 기록은 일말의 거짓도 위선도 비겁함도 없이 고통 앞에 나약하고 솔직하며 그래서 용기 있는 생명의 마지막 이야기를 담아냈다. 그러나 죽음 이후를 알지 못하는 철학자처럼 죽음을 향해 달려 나가는 단독자의 고독한 용기가 아니라, 가족의 사랑과 의료진의 보살핌, 성도들의 지지를 묶어 내는 공동체 연대의 용기를 보여 주었다. 철학자의 용기가 죽음을 통한 무화(無化)로의 용기였다면, 그들의 용기는 생명의 끝에서 새 시작을 믿는 부활로의 용기였다.

삶의 마지막 순간 "충분히 아팠고, 충분히 괴로웠고, 충분히 살았습니다"라고 하나님 앞에 말할 수 있는 용기. 이 책을 읽는 이들이 김경아 선생님의 마지막 이야기에서 그 용기를 함께 배울 수 있으면 좋겠다. 그것이 우리의 죽음뿐만 아니라 우리의 삶도 지금보다 더 존엄하게 바라볼 수 있도록 할 것이다.

김혜령, 이화여대 호크마교양대학 교수

이주민 관련 글을 의뢰 받으면서 경아 언니와 처음 만났다. 편집자와 기고자 관계가 친구로 깊어진 데는 '죽음 스터디'가 큰 몫을 했다. 2015년이었던가, 죽음에 관한 책을 한 달에 한 권씩 읽고 1년간 함께 공부하는 벗을 구한다는 언니의 페이스북 글에 선뜻 손을 들었더랬다. 언제나 그렇듯 성실하고 강단 있게, 매번 진심을 다하는 언니를 통해 죽음을 객관적이고 실체적으로 뜯어볼 수 있게 되었으니 평생 감사할 일이다.

친구에서 절친으로 거듭난 우리는 매달 '미식수다회'를 가졌다. 서울 모처를 쏘다니며 맛집을 찾아 폭풍 수다를 떠는, 아주 단순한 사귐이지만 3년 가까이 시간이 쌓이자, 내리 3년을 양양과 속초로 여행을 다니기도 했다. 그때는 몰랐다. 언니가 그렇게 아픈 줄. 온 힘을 다해 미식수다회에 나오고 여행을 다닌 거였다는 사실을. 거칠거칠한 말투와 달리 속은 참 여린 사람이었다는 것도 나중에야 알았다.

올 2월, 경아 언니가 오랜 '바람대로' 용감하고 담담하게 연명 치료를 중단한 후 하늘로 떠났을 때 '참 지독하게도 일관된 사람이구나' 싶었다. 그 무수한 조문 행렬을 바라보며 '흥, 있을 때 잘할 것이지. 웬 소란이야' 코웃음을 칠 것 같기도 했다. 평범한 사람의 일관된 삶, 밥으로 사람들을 섬겼던 경아 언니의 소소하지만 확실한 신념이 담긴 책이 아픔과 죽음을 고민하는 이들에게 잔잔한 파장을 일으키기를 바라는 마음이다.

박진숙, 작가·활동가

원고를 읽는 내내 크고 우거진 느티나무가 떠올랐습니다. 넓고 푸른 잎은 그늘이 되고, 든든한 가지는 쉼터가 되어 온갖 새와 곤충이 찾아와 머무는 나무. 뿌리에서 가지, 이파리까지 생명을 머금어 아낌없이 내어주는 나무. 김경아 작가는 이제 우리 마음속에, 사랑을 품은 아름드리나무로 남았습니다.

신애라, 배우·한국컴패션 홍보대사

갑작스런 질병과 마주하게 되면 자연스레 왜 이 병이, 이 고통이 나에게 왔는가를 질문한다. 그러나 늘 그렇지만 시원스런 답은 없다. 할 수 있는 건 치료를 받으며 삶을 살아가는 것뿐이다. 이 질문은 기독교인에게 더욱 고통스럽다. "나를 그토록 사랑하신다면서 하나님은 왜?"가 따라붙기 때문이다. 책을 펼쳐들자 답도 없는 이 질문은 내 안에서 더욱 기승을 부렸다. 18살부터 시작된 자가면역 질환, 37년의 투병, 하루도 몸이 개운한 날이 없는 지속적인 고통. 한마디로 너무하지 않은가?

그러나 읽어 나갈수록 이런 시선은 이 책의 저자부터 그리 좋아하지 않겠다 싶었다. 처음엔 분투로 읽히던 그의 삶이 차츰 평범함으로, 더 나아가 자유로움으로 다가왔기 때문이다. 특히 독후감 공모전 대상 이후 글쓰기의 삶을 펼쳐 나가는 부분은 평범하고도 자유로운 그의 삶의 백미가 아닐까 한다.

삶은 누구에게나 단 하나의 모양으로 특별하게 주어진다. 저자는 그 특별한 삶을 놀랍도록 다채롭게 살아갔다. 고통에 방점을 찍지 않고 '살아감'에 방점을 찍은 충실한 걸음걸음이 그야말로 자유롭고, 용감하고, 현명하다. 고통 앞에 서서 질문하는 이들에게, 어떤 걸음을 걸어야 할지 방황하는 이들에게 이 충실하고 충만한 삶의 걸음을 선물하고 싶다.

임자헌, 고전번역작가

자유롭게,

용감하게,

현명하게

자유롭게, 용감하게, 현명하게

아픔을 품고
삶을 살다

김경아

바람이불어오는곳

차례

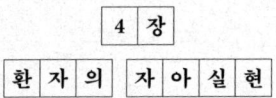
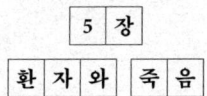
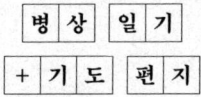
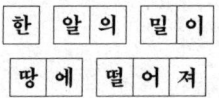
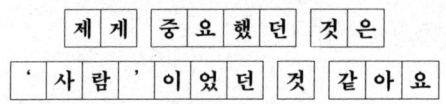

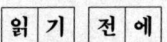

아내의 유작을 소개합니다.

　이 책의 저자이고 제 아내인 김경아 작가는 2025년 2월 17일, 오랜 지병 끝에 하늘나라로 갔습니다. 이 책은 아내의 네 번째 책이지만, 건강이 허락지 않아 미완의 유고로 남았고 남편인 제가 최소한의 편집만으로 완성해 유작이 되어 독자 여러분을 만나게 되었습니다.

　1988년, 대학 신입생이던 열여덟 살의 아내에게 갑작스러운 시련이 찾아왔습니다. 손가락이 붓고 뻣뻣해지기 시작하더니 온몸의 관절과 근육에 원인 모를 통증이 번졌습니다. 나중에야 알게 된 병명은 류마티스 관절염이었습니다. 저는 당시 같은 대학, 같은 과, 같은 동아리의 선배였습니다. 같은 소그룹에 속해 아내의 상황을 곁에서 지켜보았지만, 당시 저는 그 병의 무게를 전혀 짐작하지 못했습니다. 본인도 마찬가지였고요. 그때는 그 누구도 이 병이 평생을 따라다닐 불청객이 될 줄은 짐작하지 못했습니다. 아내는 이렇게 평생 '통증'이라는 손님을 삶의 동반자로 삼고 살았습니다.

1993년, 저희는 2년간의 교제 끝에 결혼했고, 30년 넘게 행복과 고생을 모두 경험한 결혼생활을 했습니다. 삶의 우여곡절과 함께 세 아이를 키웠고, 우리의 인격도 조금씩 자라갔습니다. 그리고 마침내 아이들을 독립시켰고, 이제야말로 과거의 미숙함을 딛고 함께 행복한 인생 후반전을 꿈꿀 수 있게 되었다고 생각했습니다.

하지만 2024년 12월, 아내는 5주간 이어진 입원생활을 시작하며 또 한 번의 심각한 위기를 겪게 됩니다. 그리고 2025년 1월 30일, 사흘간의 퇴원을 허락받아 겨우 설을 집에서 보내고 다시 예정된 입원 치료를 위해 병원으로 향하던 날, 잠시 정신을 잃을 정도의 극심한 복통이 찾아왔습니다. 급히 달려간 병원에서 의료진은 긴장한 낯빛으로 분주해졌고, CT 촬영을 통해 확인해 보니 소장에 천공이 나 있다고 했습니다. 그날 밤 아내는 응급 수술로 소장 일부를 잘라 냈지만, 이미 세균은 혈관을 타고 온몸으로 퍼져 패혈증이 시작되었습니다. 이때부터 아내는 생사의 갈림길에서 외롭고도 고통스러운 싸움을 하게 됩니다.

아내가 중환자실에서 지낸 일주일은 제 인생에서 가장

절망적이고 간절한 시간이었습니다. 기관지에 삽입된 튜브로 인해 아내는 한 마디 말도 못하고, 물 한 모금 마실 수 없었고, 양팔은 묶여 스스로 꼼짝도 할 수 없는 지옥 같은 현실 속에 있었습니다. 모든 검사 수치는 아내가 당장 죽어도 이상하지 않을 만큼 안 좋았습니다. 길고 고통스런 밤들을 보내며 '이렇게 헤어질 수는 없다, 작별할 시간이라도 달라' 했던 기도를 하나님께서 들으셨던 걸까요. 아내는 기적처럼 회복되어 일반 병실로 옮겨졌습니다.

일반 병실에서 보낸 12일은 하나님이 주신 선물 같은 시간이었습니다. 아내는 여전한 고통 속에서도 가족과 지인들을 만나며 아쉽지만 꼭 필요했던 이별의 인사를 나눴습니다. 그리고 2025년 2월 17일, 아내는 평온한 숨을 끝으로 고통 없는 세상으로 주소를 이전했습니다. 아내가 마지막 숨을 이 땅에서 쉬던 그 순간, 병실에는 이런 노래가 흘러나오고 있었습니다.

다 내게로 오라
모두 나에게 나오라
그 무거운 짐 내려놓아라
내 너를 지키니 너를 쉬게 하리니
너의 영혼을 편케 하리니
무거운 짐 진 사람은 다 내게로 오라

늘 읽고 쓰는 삶을 살았던 아내가 마지막까지 품고 있던 네 번째 책이 바로 이 원고입니다.

아내는 세 권의 책을 출판한 작가였고 반편견 입양교육 강사, 성교육 강사로 활동했습니다. 글쓰기를 좋아했고 무엇보다 독서에 열심이었습니다. 늘 마음에 품고 있던 네 번째 책이 유고가 된 바로 이 책입니다. 제목도 정해 놓지 못했고 마무리도 짓지 못했습니다. 건강만 허락됐다면 작년 말에 이 책은 아내의 손을 거쳐 독자들과 만날 수 있었겠지만, 지난해 내내 아내는 무척 힘겨운 나날을 보냈습니다. 그래서 결국은 미완의 유고가 되어 남편인 저의 숙제로 남았습니다.

아내는 방대한 독서와 연구, 지난날의 일기, 각종 영화나 드라마의 대사까지 인용하며 필요한 글감을 모으고 장별 구성까지 마쳐 두었고 꽤 많은 양의 초고를 작성하기도 했습니다. 저는 아내가 남긴 소중한 원고에 어설픈 해설을 덧붙여 작품에 누가 되지 않도록, 오탈자를 바로잡고 중복된 내용을 덜어 내는 정도의 최소한의 역할만 했습니다. 마치 잘 손질된 최상의 식재료로 상을 차리는 마음입니다. 조리가 제대로 되지는 않았지만 재료 자체가 워낙 훌륭하기에 독자 분들도 그 나름의 맛을 충분히 느끼실 수 있으리라 믿습니다.

우선 '들어가는 글'을 통해 본인과 이 책의 주제에 대한

운을 뗐습니다. 1장 '맥락과 상황'에서는 본인의 병과 상황을 자세히 설명하는 글이 등장합니다. 아내가 어떤 사람인지 입체적으로 이해하실 수 있을 것입니다. 2장 '환자의 관계'에서는 병이 어떻게 인간관계에 영향을 주는지 본인이 겪은 다양한 관계의 변화와 내밀한 이야기를 소개합니다. 3장 '환자의 신앙'에서는 병으로 인해 하나님과의 관계에 어떤 일들이 벌어지는지를 다룹니다. 병은 하나님과의 관계에도 결정적인 영향을 끼치는 중요한 변수입니다. 기도에 응답하지 않으시는 하나님을 바라보고 산다는 것이 무엇인지 엿보실 수 있을 것입니다. 4장 '환자의 자아실현'에서는 꿈과 성취동기가 컸던 아내가 병으로 인해 좌절된 인생을 살면서 겪은 심경과 관점의 변화를 얘기합니다. 인생의 좌절을 경험했던 많은 분들에게 공감이 될 내용이라 생각합니다. 5장 '환자와 죽음'은 극심한 만성 통증을 안고 살았던 아내에게 불가피하게 관심사가 되어 버린 죽음을 다루는 장입니다. 아내는 힘겹게 통증과 싸우던 병실에서 이제 자기는 주님께로 갈 길이 정해졌으니 연명 치료를 하지 않겠다는 의사를 분명히 밝힙니다. 그렇게 의연히 떠나가면서, 살아서뿐만 아니라 죽으면서도 주님의 뜻을 따르는 제자도가 무엇인지를 보여 주었습니다.

후기에는 아내가 쓰지 않은 세 편의 원고가 실립니다. 먼저, 제가 페이스북에 공유한 투병과 장례 과정을 기록한 글을 수록했습니다. 아내에게 심각한 위기가 왔을 때 저는 너무도 급한 마음에 많은 분들의 기도를 부탁하기 위해 페이스북에 글을 올리기 시작했습니다. '당시에 경황이 없었을 텐데 어떻게 글을 쓸 겨를이 있었는지' 묻는 분들이 많았습니다. 사실 글을 쓸 정신이 없을 정도로 속이 타들어 가고 마음이 무너지는 순간의 연속이었습니다. 그렇게라도 글을 쓰며 상황을 정리하고 맡겨 드리는 기도를 하지 않는다면 도저히 한 순간도 이겨 낼 수 없었기에 살기 위해 글을 쓰고 공유했습니다.

두 번째는 아내의 입관예배에서 애정을 담아 설교를 해 주신 김병년 목사님의 설교문입니다. 고통을 아는 분답게 신학적·목회적 성찰을 개인적인 사랑의 마음과 버무려 소중한 설교문을 준비해 주셨습니다. 담긴 표현들 속에서 삶과 고통과 죽음에 대한 깊은 통찰을 발견하실 수 있을 것입니다. 독자들에게도 위로와 의미가 있을 것으로 생각해 수록했습니다.

세 번째 원고는 아내의 믿을 구석, 비빌 언덕이 되어 주신 주치의 주지현 선생님과의 인터뷰 글입니다. 환자가 좋은 의료진을 만나는 것은 큰 행운이고 감사할 제목입니다. 아내는 집에서 거리가 멀어도 늘 주지현 선생님이 근무하는 병원을 고집했고, 그분의 진료를 고맙게 생각하며 마지막까지 신뢰하며 자신의 삶을 맡길 수 있었습니다. 의료진이 보는 병과 환자에 대한 생각도 살펴볼 수 있는 원고라 본인의 동의를 거쳐 수록했습니다.

✦ ✦ ✦

이 책은 고통을 기록한 책입니다. 읽기에 유쾌하지도 가볍지도 않은 내용으로 가득합니다. 아내는 1988년에 아프기 시작해서 최근까지 썼던 일기를 다 뒤져 가며 이 책에 필요한 기록을 발췌해 놓았습니다. 제가 읽어도 눈물이 나는 기록입니다. 아내도 많이 울면서 과거의 일기를 다시 읽고 과거의 자신과 고통을 소환해 왔습니다. 이렇게 유쾌하지 않은 이야기를 엮어 책으로 내면서 제가 기대하는 게 하나 있다면 바로 위로입니다. 고통을 겪는 사람은 타인의 고통을 보며 위안과 공감을 경험합니다. 나만 힘들지 않다는 사실이 그 자체로 위로가 됩니다. 고통 중에는 답이 없어도, 벗이 있다면 견딜 만합니다. 이 책이 여러분에게 고통 중의 벗이 된다면 참으로 감사하겠습니다.

저는 이렇게 멋진 사람과 31년 4개월을 사는 복을 누렸습니다. 이 책을 통해 저 혼자 누리기에는 아까웠던 김경아라는 하나님의 사람을 여러분도 알게 되는 복을 누리시게 되길 소망합니다.

2025년 9월

남편 김종호

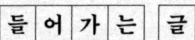

인생이라고 불리는 우리의 이야기를 결코 무의미하고
터무니없다고 또는 짧아서 비극적이라고 해서는 안 된
다. 우리의 인생은 거대한 서사의 일부이며 매 순간 그
자체로 충분히 의미가 있다.

−레이첼 헬드 에반스, 『다시, 성경으로』, 356쪽

병사 하나가 창으로 그 옆구리를 찌르니, 곧 피와 물이
흘러 나왔다.

−요한복음 19:34

2004년에 셋째를 입양하기로 결정한 후 한동안 묵상한 구절
이 요한복음 19장 34절이었다. 예수님은 인류를 구원하고자

십자가에서 물과 피를 다 쏟으셨다. 이 구절에 대해 과학적이고 의학적인 설명을 할 수도 있겠지만 나는 은유로 이해했다. 당시 지금보다 더 매사에 진지하고 비장했던 나는, '내가 예수님처럼 인류 전체를 구원할 수는 없지마는 세 아이를 위해 내 자리에서 아낌없이 물과 피를 쏟겠다'고 다짐했다. 의무감만이 아닌 자발성에서 우러나온 순전한 기쁨이었다.

2023년은 내게 화끈한 한 해였다. 막내까지 대학에 들어가면서 30년간의 육아에 일단 마침표를 찍었다. 세 아이 모두 비교적 자기 앞가림을 잘하는 딸로 성장해 주어 나는 두 팔을 치켜들고 만세를 불렀다. 하지만 이내 설명하기 어려운 허무감과 빈둥지 증후군에 빠져들었다. 마음만 허물어진 게 아니었다. 3년간 코로나바이러스도 잘 피해 왔는데 3월의 마지막 날 A형 독감 판정을 받았다. 처음 겪는 A형 독감은 만만치 않았다. 연신 열이 나고 몸은 두들겨 맞은 듯이 아팠다. 타미플루 약은 먹는 족족 토해서 페라미플루 주사를 맞고서야 겨우 한숨을 돌렸다.

한 달쯤 지나서 일을 마치고 귀가하던 중이었다. 몸이 또 조금 이상했다. 그날 새벽, 마치 얼음으로 만든 칼이 옆구리를 스치는 듯한 느낌에 화들짝 놀라 잠에서 깼다. '이 느낌, 뭐지? 예전에도 느꼈던 적이 있는데……' 아침에 일어나서 보니 아니나 다를까, 서늘한 느낌이 있던 바로 그곳, 왼쪽 가슴 아래 옆구리에 손톱만 한 발진이 생겼다. 대상포진이다.

대학생 때도 대상포진을 앓았기에 재빨리 대처할 수 있었다.

얼른 동네 의원에 가서 항바이러스제 치료를 받았다. 초기에 잘 대응했음에도 불구하고 왼쪽 옆구리에서 시작된 포진은 가슴으로, 등으로 퍼졌다. 동네 의사 선생님이 해 줄 수 있는 모든 처치를 다 해 주셨지만, 포진과 통증은 점점 더 심해졌다. 선생님은 얼른 류마티스내과 선생님에게 가라고 하셨다. 겨우겨우 예약을 잡아(3차 병원은 예약 잡기가 어렵다) 류마티스 선생님이 처방할 수 있는 가장 강력한 마약성 진통제를 먹었다. 그것으로도 통증이 잡히지 않아 마취통증의학과에서 신경차단술을 다섯 번이나 받았다. 내 평생 가장 많은 양과 횟수로 마약성 진통제를 먹고 주사를 맞으며 겨우겨우 버텼다. 가을바람이 불 때쯤에야 대상포진의 통증에서 어느 정도 벗어날 수 있었다. 하지만 지금도 여전히 그 부위가 가렵고 따갑다.

그렇게 연말이 되었다. 이번에는 더 큰 일이 터졌다. 나는 거의 항상 피곤하다. 아침 햇살에 눈을 뜨면서 상쾌한 기분으로 기지개를 켜는, 그런 나는 이제 없다. 이상하게도 유난히 더 피곤한 한 주간을 보내던 참이었다. 12월 중순부터는 온종일 정신을 차리지 못할 만큼 피곤했다. 아무리 피곤해도 좋아하는 책을 읽는 일을 게을리하지 않았는데, 그 주간에는 활자도 드라마도 눈에 들어오지 않았다. 남편은 해외 출장 중이었고, 세 딸은 모두 집을 떠나 살고 있다. 열다섯 살이 되어

가는 우리 집 노견 까미 옆에서 나도 계속 누워 있었다.

열이 나기 시작했다. 밤새 끙끙 앓고 토요일 아침이 되었다. 출장에서 돌아온 남편과 함께 2차 병원 응급실에 가서 여러 가지 검사를 받았는데 입원을 하라고 했다. 이때 내가 류마티스내과가 있는 3차 병원 응급실에 가지 않은 이유는, 내 증상이 3차 병원에 갈 만큼 위중한 줄 몰랐기 때문이다. 나는 내 증상을 너무 대수롭지 않게 생각하는 경향이 있다. 그런데 2차 병원에서 진행한 혈액 검사에서 깜짝 놀랄 정도로 간 수치가 높게 나왔다. 32 이하여야 할 두 가지 수치가 1,400과 900이 넘었다. 의사는 언제 어디서 쓰러져 죽었어도 이상하지 않을 심각한 상태라고 했다. 의료진과 상의한 끝에 나는 3차 병원으로 옮겨졌다. 열은 계속 높았고, 토했고, 머리가 깨질 듯이 아팠고, 몸을 잘 가누지 못해서 바지에 소변을 봤다. 그 후로 보름 동안 나는 거의 사경을 헤맸다. 수많은 검사 끝에 '자가면역성 간염'이라는 진단을 받았다. 이때 바닥을 친 내 체력은 지금까지도 좀처럼 회복되지 못하고 있다.

20년 전에 한 말이 씨가 됐을까. 나는 모든 물과 피, 모든 진액을 다 쏟은 느낌이었다. 그렇다고 내가 다른 엄마들보다 모성이 지극하고 각별한 사람은 아니지만, 내가 20년 전에 다짐한 것처럼 나도 예수님처럼 내 자리에서 물과 피를 다 쏟았다. 이것이 현재 내 상태인 것 같다.

1988년 대학교 1학년 때 '류마티스 관절염'을 진단받은 것으로 시작해서 현재 나는 복합만성질환자로 살고 있다. 류마티스 관절염 때문에 닳고 닳은 양쪽 고관절을 인공관절로 바꾸는 수술도 받았다. 그때가 겨우 서른두 살이었다. 그다음에는 '섬유근육통' 진단을 받았다. 그 후 '쇼그렌 증후군'이 찾아왔다. 그리고 가장 최근에 '자가면역성 간염'에 '자가면역성 말초신경병증'까지, 다양한 자가면역질환과 함께 살아온 지 35년이 넘었다.

자가면역질환이란 '세균, 바이러스, 이물질 등 외부 침입자로부터 내 몸을 지켜 주어야 할 면역 세포가 자신의 몸을 공격하는 병'으로, 인체의 모든 장기와 조직에 나타날 수 있다. 쉽게 말해서 자기 몸이 자기를 공격하는 질병을 일컫는다. 전쟁할 때 아군을 적군으로 잘못 인식하여 공격하는 불행한 사건을 '아군의 포격'이라고 한다. 사람의 몸속에서 이와 비슷한 사건이 일어나는 것이다. 영국의 의학자 아니타 코스에 따르면, "100가지 이상의 질환이 자기 몸을 지켜야 하는 군인들의 끔찍한 실수로 인해 발생하는 것으로 여겨지고 있다. 당신이 친구 열 명을 만찬에 초대한다면 통계적으로 그중 한 명은 자가면역질환이 있을 것이다. 손님 백 명을 초대한 결혼식에 참석한다면 그중 한 명은 류마티스 관절염을 앓을 것이다. 천 명의 페이스북 친구가 있다면 두 명은 다발경화증을 앓을 것"이라고 한다. 전 세계에서 해마다 수천만 명이 면역계에서 일어난 실수로 빚어진 질환을 안고 살아간다.

내가 가진 병명마다 다른 증상이 있었으나 공통적으로 하나같이 통증을 동반했다. 내가 초대한 적 없고, 전혀 반갑지 않았고, 또 싸우기도 많이 했던 내 병들. 그래도 오래 함께 살다 보니 이제는 없으면 허전할 것만 같은 사이가 되었다. 내가 예전에 속했었(었었)던 '건강한' 세계는 이제 거의 기억나지 않는다. 하지만 '건강하지 않은' 환자의 세계에도 속하기 싫어서 발병 초기에는 어정쩡하고 삐딱하게 굴었다. 환자로는 살기 싫고 살 수도 없는데 처음 발병한 80년대 당시 의학 시스템은 내게 전혀 혹은 거의 도움을 주지 못했다. 낫고 싶어서 이곳저곳 병원을 전전하다가 낫게 해 주지 못하는 병원과 의사를 불신하게 되었다. 그러면서 신비의 영역에 참여하기도 했다. 발병하고 8년의 시간이 흐른 뒤에야 내 몸이 겪는 일이 무엇인지 정확히 알게 되면서 나 스스로 환자임을, 환자로 살아야 함을 인정하게 되었다.

✦　✦　✦

병이 생기기 전에 나는 달리기도 잘하고 학급 대표로 뽑힐 만큼 건강했다. 그랬던 사람이 졸지에 환자가 되어 버리자 세상은 그 전에 내가 알던 세상이 아니었다. 환자라는 정체성은 내 몸과 마음과 인간관계, 인생 전반을 획기적으로 바꾸어 놓았다. 전과 똑같은 시간과 강도로 공부를 하거나 바깥 활동을 할 수가 없었다. 조금 무리를 한다 싶으면 정신을 잃고 쓰러졌다. 학교에 가서 겨우 수업을 듣고, 아프고, 병원에 왔다 갔다 하는 단순하고도 지루한 일상이 이어졌다. 살아남는 것만으로도 충분히 지치고 피곤했다.

어렸을 때부터 나는 성취욕이 강했다. 이기고 싶었고 일등을 하고 싶었다. 목표를 세워 이루어 내면 온몸에 아드레날린이 넘쳐흐르는 것 같았다. 고등학교 때까지 그런 긴장감을 유지하며 살았는데 대학교 1학년 때 갑자기 환자가 되어 버렸다. 내 몸으로는 도저히 목표를 이룰 수 없었다. 포기하는 일이 하나둘 늘어나면서 내 발로 사회 활동에서 벗어났다. 초반에는 그게 그렇게 자존심이 상했다. 좋은 대학까지 나와서 전업주부로만 지내는 나 자신을 용납하기가 쉽지 않았다.

내 병은 온전히 내 것이지만 오롯이 내 것으로 끝나지 않았다. 내 주변의 모든 사람에게 영향을 주었고, 어떤 때는 가장 사랑하는 사람들에게 악영향을 끼치기도 했다. 환자여도 사랑은 하고 싶었다. 어쩌면 환자여서 더욱 사랑이 필요했는지도 모른다. 환자라서 사랑에 배신당하기도 하고 환자임에도 마침내 마지막 사랑을 얻었다. 환자여도 아이를 갖고 싶었다. 내 몸으로 아이를 낳는 것으로 내 삶을 인정받고 싶었다. 그렇게 두 아이를 낳고 세 아이를 키웠다. 사랑을 찾고, 결혼을 하고, 아이를 낳고 키우는 모든 일이 환자에게는 쉬운 게 하나도 없었다.

이런 몸 상태로 세 아이를 키우는 것만 해도 대단한 일임을 나 스스로 인정하자 나 자신에게 관대해졌다. 사회적 성취를 이루지 않아도 괜찮고 감사한 날들이 이어졌다. 그러다가 사회로 한 발 내딛게 되었다. 그때 용기를 냈던 한 걸음 덕분에 최근 10여 년은 건강한 사람들의 세계에 속해 그들과 비슷한 속도로, 비슷한 분량으로 일하고 살았다. 성과도 있었고 성취도 이루었다. 하고 싶은 일을 하면서 마음 건강은 아주 좋아졌다. 하지만 환자가 환자 아닌 척, 환자 아닌 사람 흉내를 내며 살았던 대가는 혹독했다.

✦　✦

건강한 세계에 속한 사람들 속에서 만성질환자로 내가 어떻게 살아남았을까? 지난 2년 동안 많이 아프면서, 병상에서 일상에서 환자로 살아온 내 삶을 돌아보게 되었다. 그간의 내 삶은 '통증'과 '사랑'이라는 두 단어로 정리할 수 있겠다. 통증에 나가떨어진 밤이면 사랑이고 나발이고 이게 다 무슨 소용인가 싶었다. 생명(生命)은 '살라', '살아 내라'는 명령이라던데, 그 명령을 거두어 주십사 빌고 또 빌었다. 하지만 난 살아 있다.

이제 나는 아프지 않은 사람들의 세계로 돌아갈 수 없을 것 같다. 내 몸이 그 세계를 버텨 낼 수 없다는 것을 잘 안다. 가끔 내가 지인들에게 농담처럼 하는 말이 있다. "나는 아프지 않았으면 급사했을 거야. 타고난 재능도 많은데다 책임감도 강해서 일에 올인하다가 갑자기 확 쓰러지지 않았을까? 하하하." 그렇다. 내가 급사하지 않고 여태 살 수 있었던 것은 내가 환자였기 때문이다. 아파서 잃은 것도 있지만 환자라서 얻은 것도 있다.

예전에는 사람이 죽으면 집에서 장례를 치렀다. 유족들은 가족을 잃은 슬픔을 "아이고 아이고" 하는 곡(哭)으로 표현했다. 집 안팎에 곡소리가 끊이지 않도록 하는 게 망자와 조문객을 위한 예의라고 여겼다. 그런데 쉬지 않고 곡을 하는 게 너무 힘드니까, 곡을 대신해 주는 종을 두었다. 이 종을 '곡비'(哭婢)라고 불렀다. 나는 이 책을 나를 위해, 고통을 겪는 다른 사람들을 위해 우는 곡비의 심정으로 썼다. 하지만 각자의 고통은 너무나 독특해서 내 경험이 모든 환자를 대표할 수는 없다. 그저 이 글을 보편성과 특수성을 지닌 어떤 환자의 경험으로 이해해 주면 좋겠다.

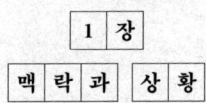

1 장
맥 락 과 상 황

"나를 받아들이고 살아야 살아진다"

학창 시절에 나는 열심히 공부했다. 공부는 내가 선택할 수 있는 가장 효율적이고 화려한 행위였다. 교육을 받으면 개천에서 용이 될 수 있다고 믿었던 시대였기에 부모님은 자식들이 좋은 교육을 받아 가난에서 벗어날 수 있기를 바라셨다. 공부를 잘하는 나는 단연코 부모님의 자랑거리였고 그런 내게 아빠는 많은 기대를 하셨다.

　중매로 만난 부모님은 딸 셋에 아들 하나, 네 아이를 낳으셨다. 첫째 아이는 아들이길 바랐으나 딸이어서 할머니가 실망하셨다고 하고, 둘째도 딸이어서 엄마는 눈물이 났다고 하셨다. 나는 '선도 안 보고 데려간다'는 셋째 딸이었다. 내 밑으로 남자아이가 태어나서인지 친척 어르신들은 나더러 '터를 잘 닦은' 딸이라며 예뻐하셨다. 게다가 순둥이였다. 있는 듯 없는 듯, 엄마를 힘들게 하지 않은 자식이었다고 한다.

부모님은 '흙수저' 중에서도 '찐'흙수저였다. 막냇동생까지 낳고 두 분은 서울 변두리 한 귀퉁이에 자리를 잡으셨다. 육체 노동자였던 아빠도, 다양한 부업을 하면서 아이들을 돌보고 살림을 맡은 엄마도 늘 열심히 일하셨다. 하지만우리 집은 언제나 가난했다. 가난은 부끄러운 게 아니라는데, 나는 가난이 부끄러웠다. 학교에 내야 할 돈을 제때 내지못해 친구들 앞에서 선생님에게 혼나는 것도 수치스러웠고허름하기 짝이 없는 우리 집도 창피했다. 그나마 가난에 대한 열등감은 공부를 잘하는 것으로 무마할 수 있었다.

그런데 가난보다 어린 나를 고통스럽게 한 것은 부모님의 불화였다. 싸우는 부모 밑에서 자란 아이에게 발달하는것은 눈치를 살피는 능력이다. 부모님은 내가 상을 받아오거나 백 점을 받아오면 좋아하셨다. 그때만큼은 우리 가족이텔레비전에서나 볼 수 있을 법한 행복한 가족인 것 같았다.계속 공부를 잘하면 두 분이 잘 지내실 수 있지 않을까 싶어나는 공부를 잘함으로써 두 분의 비위를 맞추기 위해 안간힘을 쏟았다.

부모님이 의도한 것은 아니었겠지만, 내게 집은 쉴 만한공간이 아니었다. 나는 부모님이 싸울까 봐, 결국에는 이혼할까 봐 늘 전전긍긍했다. 집은 위험한 곳이었다. 집에 들어가면 언제 깨어질지 모를 얼음판 위에 서 있는 심정이었다. 부모님의 삶이 너무 힘들고 위태로워 보였기에 나는 그분들을 의지할 수가 없었다. 대신 바깥에서 의지할 만한 대상을 찾아다녔다. 학교에서나 교회에서나 어른들의 말을 잘 듣고 칭찬받는 행동을 하며 모범생으로 살았다. 사회학자 엄기호가 『나는 세상을 리셋하고 싶습니다』라는 책에서 표현한 것처럼, 나는 학교와 교회에서 "노오력의 주문에 걸린" 사람처럼 살았다. 덕분에 좋은 대학에 가고 신앙의 기본기가 탄탄히 다져진 건 삶의 아이러니이자 다른 언어로 말하면 은혜다.

한 아이가 세상을 어떻게 인식하게 되는가는 가족 구성원들과의 관계로부터 비롯되고, 현재의 삶과 세상과 관계를 바라보는 시각에 좋고 나쁜 영향을 고루 끼친다. 서로를 사랑하지 않는 부모님 슬하에서 태어난 나, 사랑의 결실이 아닌 나는 무엇이란 말인가? 갓 열 살이 넘은 나이부터 나는 내 존재의 가치를 의심했다. 내가 세상에 유일무이한 귀중한 존재임을 의심하며 살아온 습관은 나의 모든 선택과 결정에 부정적인 영향을 끼쳤다.

사실 엄마와 아빠가 사이좋게 살지 못한 것은 나와는 아무 상관이 없다. 나로 말미암은 것도 아니고 내가 풀 수 있는 문제도 아니다. 무엇보다 내 잘못이 아니다. 하지만 어린 시절의 나는 부모님의 인생과 나의 인생을 분리해서 생각할 줄 몰랐다. 부모님과는 별개로 나는 나대로 즐겁게 살 수 있고 또 그래도 된다는 것을 알지 못했다. 어린아이가 그것을 어찌 알 수 있었겠나. 다 커서 이런 것을 알게 되었을 때 나는 분이 나서 발을 쿵쿵 굴렀다. 이런 나를 무조건 사랑하신다는 절대자의 말씀이 구원 같았지만 쉽게 받아들이기는 어려웠다.

우리 4남매가 어른이 되고 나도 자식을 키우게 되면서 이따금 예전 일을 떠올리며 이야기를 나눈다. 같은 부모 밑에서 자랐는데도 각자가 해석하는 부모님의 모습은 달랐다. 같은 사건에 대한 기억과 평가도 달랐다. 확실한 것은 우리 넷 중에 부모님의 불화로 가장 많은 상처를 입은 아이는 나라는 사실이다. 나는 사람들을 예민하게 관찰했고 삶과 사람과 사랑에 대한 기대가 높았다. 나는 상처 받은 아이로 컸다.

✦ ✦
✦

열심히 노력해서 바라던 대학, 원하던 과에 입학했다. 이제 꿈을 펼치기만 하면 되었다. 그런데 대학생활은 초반부터 재미가 없었다. 내가 원해서 지원한 학과였지만 수업 내용은 무슨 말인지 통 알아들을 수가 없었다. 억지로 꾸역꾸역 공부는 했지만 하면 할수록 공부할 맛이 나지 않았다. 지나치게 막연하고 추상적인 생각으로 결정한 내 선택이 틀렸다고 인정하자니 길이 보이지 않았다. 요즘처럼 전과나 복수 전공 같은 게 쉽지 않은 때였다. 재수는 언감생심 꿈도 꿀 수 없었다. 하기 싫은 공부를 끌고 가려니 스트레스가 이만저만 아니었다.

내가 온 정성을 쏟은 선택이 틀렸을 수 있다는 생각이
들자 당시 사귀던 첫사랑과의 관계도 의심이 들었다. '내가
이 사람을 진짜 좋아하는 거 맞나? 내 선택이 과연 옳은가?'
그는 변함없는데 나는 변하고 있었다. 지금 생각해 보면 그
때가 내 사춘기였던 것 같다. 결국 나는 그에게 일방적으로
이별을 통보했다. 그러고는 들어오는 길에 샴페인 한 병을
사서 혼자 다 마시고 밤새 울었다(축하하려고 샴페인을 산 게 아
니라 그때까지 마셔 본 술이 그것뿐이었기 때문이다). 첫사랑의 실
패는 샴페인과 달리 쓰디썼다.

나는 되는 일이 하나도 없는데, 1988년 9월 우리나라 역
사상 처음으로 올림픽이 열렸다. 역대 최대 규모의 올림픽이
라며 다들 '국뽕'에 취해 있었다. "원하는 것은 무엇이든 얻
을 수 있고, 뜻하는 것은 무엇이든 될 수가 있어"라고 온 국
민이 떼창을 하던 시기였다. 하지만 나는 그즈음부터 시름시
름 앓기 시작했다. '88 꿈나무'라고 선배들의 애정을 듬뿍 받
던 대학 1학년생이었다. 연일 열이 오르내리기를 반복했고,
몸은 물에 젖은 솜뭉치처럼 무거웠다. 어느 날부터인가 양쪽
손가락 마디마디가 붓고 주먹이 쥐어지지 않았다. 혼자서 바
닥에 앉을 수도, 발딱 일어날 수도 없었다. '이러다 말겠지,
괜찮아지겠지'라고 나 자신을 다독이며 약국에서 진통제를
사서 먹었다. 그렇게 두 달을 버텼다. 당시 일기에 나는 이렇

게 썼다.

눈꺼풀이 무겁고 쓰라리다. 제대로 눈을 뜰 수가 없다.
이렇게 피곤하고 힘이 들어서야. 11월 14일

내 몸무게조차 무겁다는 느낌이 드는 날. 11월 19일

손이 너무 붓고 뼈마디가 아프다. 오래되었는데 이젠 주
먹을 쥐기도, 이를 닦는 것도 너무 힘들다. 주먹이 쥐어
지지도, 크게 펴지지도 않는다. 갑자기 더 심해지는 것
같은데, 교내 진료소에 가 본 후 병원에 가 봐야겠다. 연
필 쥐기도 아프다. 발목이 무척 시큰거리는데 아픈 부위
가 계속 번져 간다. 11월 22일

더는 버티기 어려워지자 학교 안에 있는 대학병원 정형외과
에 접수했다. 뼈가 아프니 정형외과로 가는 게 맞는 것 같았
다. 피검사, 엑스레이 촬영 등 숨 가쁘게 여기저기 뛰어다녔
다. 결과는 '류마티스 관절염'이라고 했다. 의사 선생님이 안
쓰러운 표정으로 말씀하셨다. "왜 이렇게 늦게 왔어요, 그동
안 참기 힘들었을 텐데……." 그 말에 그간 참았던 눈물이 왈
칵 쏟아졌다. 보호자와 같이 왔냐고 묻는 의사 선생님에게
나는 "아니요, 그냥 제게 말씀하세요. 괜찮아요"라고 말했다.

거짓말이었다. 나는 하나도 괜찮지 않았다. 그간 알아서 혼자 잘해 온 나는 부모님의 도움이 절실할 때에도 다 큰 어른처럼 행동했다. 겨우 열여덟 살 아이였는데 말이다. 내가 그렇게 행동한 데는 그럴 만한 이유가 있었다. 당시에 특히 더 집안 사정이 좋지 않았다. 아빠가 무슨 사건엔가 연루되어 감옥에 갔다. 나중에 무혐의로 풀려나시긴 했지만, 밖에서 아빠를 나오게 하려고 애쓰느라 엄마도 제정신이 아니었다. 이런 부모님께 내가 아프니 병원에 데려가 달라는 얘기를 하지 못했다. 내가 가장 아플 때 부모님을 의지하지 못한 건 두고두고 상처로 남았다.

기말고사를 앞둔 시점이었다. 내가 시험 걱정을 하자 의사 선생님이 먼저 제안하셨다. 몸이 이렇게 아픈데 어떻게 시험을 보겠느냐며 진단서를 써 줄 테니 교수님들에게 상황을 알리고 쉬라 하셨다. 그렇게 해서 나는 대학교 1학년 2학기 기말고사를 보지 못했다.

당시 우리나라에 있는 병원에는 자가면역질환, 특히 류마티스 관절염을 담당하는 류마티스내과가 없었다(내가 아는 한 그랬다). 류마티스내과 환자들은 제대로 진단받지 못하고 치료 시기를 놓치는 경우가 흔했다. 그래서 여러 과를 전전하기도 하고 정신적인 문제로 오해받기도 했다. 그런데 내 증상에는 금세 이름이 붙었다. 오히려 다행이라고 생각했다. 그간 내가 아픈 게 꾀병도 아니고 심리적인 문제도 아니고,

실재하는 통증이라는 것을 인정받은 느낌이었다.

류마티스 관절염은 자가면역질환의 대표적인 병으로, 온몸의 관절을 대칭으로 공격하고 파괴하는 질환이다. 지금 노트북으로 이 글을 쓰고 있는 내 양쪽 손가락 관절도 류마티스의 영향을 받았다. 처음에는 관절마다 땡땡 붓고 열이 나더니 서서히 변형이 왔다. 양쪽 손의 엄지와 검지는 그나마 제자리에 붙어 있지만, 나머지 손가락들은 바깥쪽으로 30도쯤 휘었다. 손가락은 제 모양을 잃은 지 오래이고 울퉁불퉁하게 휘거나 꺾여 있다. 그나마 자기 역할을 다하는 검지와 시옷 모양으로 꺾인 약지를 이용해 독수리 타법으로 이 글을 쓰고 있다. 앞서 세 권의 책을 낼 때마다 혹사당한 손가락들은 퉁퉁 부었다. 통증이 약으로도 조절되지 않으면 그 부위에 직접 스테로이드 주사를 맞기도 했다.

초등학교 1학년 때, 음악책에 '햇볕은 쨍쨍 모래알은 반짝'이라는 노래의 악보가 있었다. 악보를 어떻게 봐야 하는지 배운 적도 없건만 나는 그 노래와 악보 사이의 상관관계를 금세 알아챘던 기억이 난다. 그 후로 나는 어떤 노래든 악보만 보면 부를 수 있었다.

다른 아이들처럼 피아노를 배우고 싶었다. 하지만 우리 집은 먹고 살기에도 빠듯한 살림살이였다. 그러다가 고등학교를 졸업하고 취업을 한 큰언니가 기타를 사 왔다. 당시 중학교 2학년이던 나는 '이정선 기타 교실'이라는 기타 교본을 독학하여 언니보다 먼저 기타를 칠 수 있게 되었다. 그리하여 중고등학교 시절 나는 학교 행사가 있을 때면 전교생 앞에서 기타를 치며 노래를 불렀다. 하지만 극심한 관절의 통증과 이내 따라온 관절의 변형으로 인해 더는 기타를 칠 수가 없게 되었다. 내가 병 때문에 상실한 것 가운데 가장 안타깝게 여기는 부분이다.

✦   ✦
✦

내 몸은 점점 전쟁터가 되어 갔다. 손가락에서 시작하여 온몸의 관절이 퉁퉁 붓고 벌겋게 달아올랐다. 약을 먹어도 통증은 점점 온몸으로 퍼져 나갔다. 팔꿈치, 어깨, 무릎과 골반 등 관절이 있는 곳은 어디든 날카로운 통증이 따라왔다. 음식을 씹고 말을 할 수 있게 해 주는 악관절에도 이상이 생겨 음식을 씹지 못해 죽으로만 연명하던 때도 있었다. 악관절의 변형은 얼굴 모양도 바꾸었다. 그때 찍은 사진을 보면 내 얼굴이 너무 이상하게 보인다. 통증과 변형을 줄이고자 구강외과에서 고가의 스프린트(일종의 마우스피스)를 맞추어 몇 년 동안 끼고 다녔다. 당시 상황을 나는 이렇게 기록했다.

> 얼굴 관절이 자꾸 이상하게 변하는 것 같고, 통증이 있고, 이가 종종 맞지 않는다. 노래 부르는 것도 힘들어지고. 1990년 2월 10일

오전에는 치과병원에 가서 마우스피스를 맞추었다. 막대한 치료비 때문에 열이 받았다. 매번 되풀이해서 드는 생각은, 치료비가 아깝고 지출하는 돈의 가치가 '나'라는 인간보다 소중하게 여겨진다는 것이다. 유물론적 발상인가. 나는 치료비를 달라고 할 마음이 없고, 우리 집 사정은 그것을 줄 여유가 없다. 어떻게 해야 하는 걸까.

1990년 2월 20일

앉고 일어나고, 팔을 올리고 구부리고, 입을 벌리고 씹는, 아프기 전에는 의식조차 하지 않고 할 수 있던 일상적인 행동에 날카롭거나 묵직한 통증이 따라왔다. 행주를 짤 때도 아팠고, 혼자서 병뚜껑을 딸 수도 없었다. 먹고 걷고 앉았다 일어나는 등의 생존에 필요한 행동이 극심한 통증을 동반하며 어려워졌다. 단추가 많은 셔츠는 혼자서 입지 못했다. 나는 마치 만화영화에 나오는 로봇처럼 어기적거리며 천천히 움직여야 했다. 여든 살 넘은 노쇠한 누군가의 인생을 대신 사는 것 같았다.

손가락만 뒤틀리고 휘어진 게 아니었다. 발가락도 마찬가지여서 기성화 중에서 내 발에 맞는 편한 신발을 찾기가 힘들어졌다. 하이힐을 신은 정장 차림의 커리어 우먼이 되고 싶었던 꿈은 진즉에 깨졌다. 장마철이면 더 부어오르는 무릎 관절에서는 수시로 염증 액을 빼 주어야 했다. 심지어 서른

둘이라는 너무 이른 나이에 양쪽 고관절을 인공관절로 바꾸었다. 상태가 더 악화되면 어쩌면 무릎이며 어깨, 발가락 등에 쇠를 박아야 할지도 모르겠다.

가끔 지인들이 류마티스 통증이 어떤 느낌이냐고 묻는다. 우리 또래는 고입과 대입 시험을 위해 체력장이라는 체력검사를 치러야 했다. 체력장을 통과하기 위해 체육 시간에 윗몸일으키기, 백미터 달리기, 오래달리기, 오래매달리기, 제자리멀리뛰기, 멀리던지기 등을 연습했다. 체력장 연습을 하고 난 다음날 아침이면 몸이 아주 부스러지는 것 같았다. 욱신욱신 쑤시고 "아이고" 하는 곡소리가 저절로 났다. 친구들은 부러 서로의 아픈 부위를 찌르며 놀리는 일이 다반사였다. 내 몸은 이와 비슷한 느낌이다. 매일 체력장을 한 느낌.

몸이 피곤해서 정신까지 복잡하다. 1989년 1월 20일

하는 일도 하나 없는데 내 몸은 늘 피곤하고 손은 더욱 붓고 아파진다. 1989년 7월 16일

왜 이렇게 피곤하지 모르겠다. 1989년 9월 8일

손가락 하나 까딱할 수 없을 만큼 피곤하다. 1998년 4월 8일

류마티스 관절염의 증상 중에 또 하나 지독한 게 피로감이다. 열여덟 살 이후로 내 일상에는 '개운하다', '상쾌하다' 같은 단어가 없다. 늘 한 군데 이상 아프고 몸은 항상 천근만근 만천근이다. 어찌나 피곤한지 내 몸이 방바닥을 뚫고 들어가 지구 중심부로 파고드는 느낌이다. 끝이 없는 나락으로 내 몸이 떨어져 가는 환상도 보았다. 나중에 '섬유근육통' 진단을 받은 뒤로 피로감은 몇 배가 되었다. 또 하나의 자가면역질환인 섬유근육통은 "만성 전신 통증이 있으면서 수면 장애, 인지 장애, 피로감 등이 동반되는 질환으로, 통증의 역치가 낮아지는 '통각 과민'과 정상 자극을 통각으로 느끼는 '무해자극 통증'이 특징적인 질환"이다(질병관리청 국가건강정보 포털). 류마티스 관절염과는 양상이 다른 통증이 수개월 지속되어 여러 검사를 받은 끝에 최종적으로 이 병명으로 진단이 내려졌다. 다른 자가면역질환과 마찬가지로 이 질환도 뚜렷한 원인이 밝혀져 있지 않다.

　어느 부활절 주일의 일이다. 너무나 피곤했는데 성가대에 서고 싶어서 교회에 갔다. 그러나 제대로 서 보기도 전에 성가대에서 쓰러졌다. 이후 어떤 일이 벌어졌는지는 하나도 기억이 나지 않는다. 정신을 차리고 보니, 나는 성가대원 탈의실 바닥에 누워 있었고 친구가 내 손을 붙잡고 울고 있었다. 또 한번은 버스에서 쓰러질 것 같아 서둘러 내렸는데 그만 길 위에서 쓰러지고 말았다. 지나가던 행인들이 집 전화

번호를 물어서 집으로 연락을 했고 가족들이 와서 택시로 데려갔다고 한다. 쓰러진 이후의 상황은 하나도 기억이 나지 않았다. 피곤함은 그렇게 내 일상이 되었다.

류마티스 관절염을 30년 넘게 앓다 보니, 거의 모든 종류의 약을 써 본 것 같다. 비스테로이드성 소염제, 스테로이드 호르몬제, 다양한 면역억제제, 엔브렐 같은 생물학적 제제까지, 거의 모든 약을 이용해 증상을 조절해 왔다. 덕분에 지금 류마티스 관절염 자체는 어느 정도 통제되고 있다.

✦ ✦ ✦

내 나이 마흔 살이 훌쩍 넘은 어느 날, 아이들과 떡볶이를 만들어 먹었다. 그날 유난히 떡볶이가 내 입맛에 매웠다. 초등학생인 막내도 잘 먹는데 나는 매워서 더 이상 먹을 수가 없었다. '왜 이러지?' 하고 거울을 보고 혀를 내밀었다. 그런데 혀가 가뭄에 쩍쩍 갈라진 논바닥 같았다. 떡볶이가 매운 게 아니라 내 혀가 문제였다. 그뿐만이 아니었다. 밤에 잠을 자다가 깜짝 놀라 깨곤 했는데 혀가 입천장에 딱 달라붙어 숨쉬기가 불편해서 깬 것이었다. 또한 그즈음에는 자고 일어나면 눈에 눈곱이 잔뜩 달라붙어 있어 눈을 뜰 수가 없었다. 눈에 모래가 들어간 것처럼 불편했다. 이것이 모두 '쇼그렌 증후군'의 증상이었다.

쇼그렌 증후군은 "타액선, 눈물샘 등에 림프구가 침입해 만성 염증이 발생하여 분비 장애를 일으켜서 입이 마르고 눈이 건조해지는 증상이 나타나는 자가면역성 전신질환"을 의미한다(서울아산병원 질병백과). 쉽게 설명하면, 자기 면역이 침샘과 눈물샘을 파괴하여 침과 눈물이 잘 나오지 않는 병이다. 이 병명은 질환을 처음으로 기술한 스웨덴 의사 헨릭 쇼그렌의 이름을 따서 지어졌다. 이 증후군은 남성보다 여성에게 아홉 배 정도 많이 발생하는데 특히 30~50세의 여성에게서 많이 발생한다고 한다.

침이 제대로 나오지 않으니 불편한 점이 굉장히 많다. 매운 음식은 거의 먹지 못한다. 밥을 먹을 때 물을 많이 마신다. 평소에 가만히 있을 때도 입이 마르니 수시로 물을 마셔야 한다. 치아가 너무 잘 썩는다. 침은 세균에 대항하는 기능이 있는데 침이 적으니 쉽게 충치가 생기는 것이다. 구내염도 자주 생긴다. 현재 내가 가장 많은 병원비를 지불하는 곳은 치과다. 가장 큰 어려움은 말을 할 때다. 나는 강의, 강연 등 말하는 일로 돈을 버는데, 말을 하다 보면 입이 마른다. 말하다 말고 중간에 계속해서 물을 마셔야 한다. 따라서 강의 전에 아예 내 상황을 솔직히 고백하고 시작한다. 대부분의 청중은 관대하게 이해해 주지만, 이런 상태로는 말하는 일을 업으로 삼을 수 없겠구나 하는 한계에 직면하곤 한다. 오늘 맛나게 차려진 음식을 보고 입안에 침이 고인다면, 그것만으로도 행복해하고 감사할 이유가 충분하다.

눈물도 문제다. 눈물이 먼지 같은 이물질을 흘러가게 해주어야 하는데 눈물이 잘 나오지 않다 보니 눈에 모래가 굴러다니는 것 같다. 그러니 염증이 자주 생기고 종종 충혈된다. 환한 빛에 예민해진다. 안과에 정기적으로 가서 치료받는다.

언젠가부터 노래를 부르다가 높은 음에서 목소리가 갈라지기 시작했다. 내 뜻대로 정확하게 음을 낼 수가 없다. 목이 건조해지고 간질간질해서 마른기침이 이어졌다. 또한 질도 건조해졌다. 갱년기가 되면 질이 건조해지는 건 일반적인 일이지만, 쇼그렌 증후군이 있는 내 경우에는 그 정도가 너무 드라마틱하게 진행되어서 성관계에 큰 통증이 따랐고 그러다 보니 성관계에 대한 욕구와 흥미도 현저히 감소했다. 나를 향해 다가오는 남편의 손길이 부담스러워 피하고 싶어졌다.

✦ ✦ ✦

2023년 연말에는 '자가면역성 간염' 진단을 받았다. 병명을 아는 건 의료진에게도 환자에게도 아주 중요하다. 애당초 2차 병원에서 담관염으로 추정한 병명은 3차 병원에 와서도 빨리 결론이 나지 않았다. 간에 염증이 있는 건 사실인데, 원인이 A도 아니고 B도 아니고 C도 D도 아니니 결국 자가면역성 간염이라고 추정했다. 무슨 이유에서인지 또 내 면역

체계가 간을 공격해 염증을 일으켰다고 이해했다.

그러다가 주치의는 '혈구탐식증'(혈구탐식성 림프조직구증)이 의심된다고 했다. 당시 내 백혈구 수치가 널을 뛰고 있었다. 혈액내과 의사 선생님이 와서 이 병에 대해 설명해 주셨다. 나는 듣도 보도 못한 또 하나의 희귀난치성질환에 대비해야 했다. 혈구탐식증은 세균이나 바이러스 등을 먹어치우는 대식세포나 림프구가 비정상적으로 활성화돼 적혈구와 백혈구 등의 정상 조혈세포까지 잡아먹는 병이다. 혈액내과 선생님은 골수 채취, 항암 치료 같은 무시무시한 단어들을 꺼내셨다. 의사들은 늘 최악까지 염두하고 말하니까 그러려니 했다.

그때부터 남편은 이 병에 대해 열심히 공부했다. 그런데 이 병은 예후가 좋지 않고 원인도 아직 명확하게 밝혀진 바 없어 진단과 치료에 어려움이 많은 질병이라고 한다. 그런 병이라 하더라도 하루하루 겪으면 또 지나가겠지 싶기도 했다. 그렇지만 낙관할 수만은 없으니 불안하기도 했다. 죽을까 봐 불안한 게 아니라 지금보다 더 아플까 봐 무서웠다. 남편에게 내 뜻을 다시 한 번 분명히 전했다. 나는 생명을 연장하는 것에는 관심 없다, 사전연명의료의향서를 작성했다는 것 기억해라, 나는 아프지 않고 싶다, 통증 관리에 집중해 달라 등등.

자가면역성 간염도 까다로운 희귀난치성질환이지만 혈

구탐식증만은 아니길 바랐다. 모든 정황과 증상과 수치가 혈구탐식증을 향해 가고 있었지만 아니길 기도했다. 간 조직 검사까지 마친 후 마침내 주치의로부터 혈구탐식증은 아니라는 얘기를 들었다. 감사가 넘쳤다. 여전히 자가면역성 간염이라는 진단이 남았지만, 이 병은 왠지 감당할 수 있을 것 같았다. 곧바로 강력한 스테로이드와 면역억제제 치료가 시작되었다. 높이 치솟은 간 수치는 서서히 내려왔지만, 어찌나 강력한 스테로이드를 주사했는지 부작용으로 한동안 심각한 불면증에 시달렸다.

자가면역성 간염을 치료하던 중 새로운 증상이 나타났다. 갱년기를 겪으며 체온 조절이 어려웠다. 더웠다가 추웠다가를 하도 반복해서 자다가도 옷을 껴입었다가 벗었다가 했다. 발도 뜨거웠다. 그래서 처음에는 단순한 갱년기 증상인 줄로만 알았다. 하지만 증상은 더욱 심해지며 복잡해졌다. 처음에는 왼쪽 발이 뜨겁다가 시리다가 저리다가 나중에는 "악!" 소리가 날 만큼 찌르는 통증까지 찾아왔다. 근육의 경련도 잦았다. 반면 어떤 부위는 아예 무감각했다. 이런 증상은 왼쪽 종아리로 퍼지더니 이내 오른쪽 발에서도 비슷한 증상이 시작되었다. 그냥 견디며 가만히 놔둘 성질의 문제가 아니라고 생각한 것은, 왼쪽 종아리의 근육이 빠지면서 걷거나 계단을 오르다가 넘어질 뻔한 일을 몇 번 겪으면서부터였다.

류마티스내과를 거쳐 신경과 진료를 받았다. 입원해서

여러 가지 검사를 받았다. 난생처음 신경전도 검사와 근전도 검사를 포함한 전기생리 검사도 받았다. 신경과 의사는 나의 병력과 증상, 검사 결과 등을 종합해서 '자가면역성 말초신경병증'이라는 진단을 내렸다. 말 그대로 말초신경계에 발생하는 자가면역질환이라는 뜻이다. 이 역시 희귀난치성질환이다. 가뜩이나 힘든데 또 하나의 병이 추가되면서 나는 신체적으로 심리적으로 엉망진창이 되었다.

자가면역질환자의 가장 기본적인 약제는 면역억제제다. 자기의 면역 세포가 자기 몸을 공격하니 그 면역 기능을 억제시키는 것이다. 그런데 이 약에도 그늘이 있다. 면역을 억제하니 조금만 피곤하다 싶으면 각종 감염병에 시달렸다. 임파선염, 기관지염, 질염, 방광염, 신우신염, 구내염 등 면역 이상 환자의 운명 같은 것이다. 요로 감염으로 시작된 급성 신우염으로 여러 번 입원했다. 그렇게 지난 1년 동안 내가 거쳐 간 곳은 감염내과, 마취통증의학과, 류마티스내과, 비뇨기과, 산부인과, 소화기내과, 신경과, 안과, 응급의학과, 치과, 호흡기내과 등이다. 1차, 2차, 3차 병원을 골고루 다닌다. 지금은 많이 줄었지만 그럼에도 하루에 먹는 약이 스무 알 가까이 된다. 나를 돕고 내 상태를 낫게 해 주는 약이지만, 약의 부작용도 무시할 수가 없다.

말초신경병증 증상을 완화하고자 의사 선생님은 새로운 면역억제제를 처방했다. 이 약은 항암제로도 쓰이는 약이다. 총 여섯 번을 2박3일 입원해서 주사 맞는 거라고 했다. 그 면역억제제를 맞기 전후로 부작용을 줄여 준다는 각종 약물이 투여되었다. 주사를 맞는 과정이 어렵지는 않았다. 구토억제제를 맞아서인지 구토도 없었다. 하지만 퇴원하고 일주일 정도는 아무것도 할 수가 없었다. 그만두고 싶었지만 그래도 선생님이 처방한 것이니 견뎌 보자 생각하며 두 번째 주사를 맞았다. 두 번째는 첫 번째보다 더 힘들었다. 일상생활을 할 수 없을 만큼 몸이 아래로 아래로 꺼져만 갔다. 집 근처 공원을 한 바퀴 돌 수 있을 만큼 몸을 겨우 회복시켜 놓으면 다시 바닥을 치기를 반복했다. 이것을 앞으로 네 번 더 한다고? 아이고, 이 주사를 맞고 말초신경병 증상을 완화시키기보다 이 주사를 안 맞고 그 증상들을 견디는 편이 낫겠다 싶었다. 그래서 그만뒀다.

✦　✦　✦

1988년 처음으로 류마티스 관절염을 진단받았을 때부터 병에 대해서 잘 알았던 것은 아니다. 초반에는 내 몸이 왜 이러는지 전혀 이해하지 못했다. 앞에서 말했듯이 내가 진단받은 시기에 우리나라 병원에는 류마티스내과가 없었다. 제대로 아는 의사가 없어서인지 나는 여러 병원, 여러 과를 전전했지만 근본적인 치료를 받지 못했다. 그저 진통제와 물리 치료로, 한약으로, 어떤 때는 엄마가 사정해서 만들어 온 흑염

소엽 같은 민간요법으로 버텼다. 가난한 집에서 이런 치료라도 받게 하는 게 부모님에게나 나에게나 다 부담이었다. 가장 큰 문제는 병에 걸렸다는 사실을 나 스스로 용납하지 못했다는 것이다. 그러니 늘 병과 싸웠고, 짜증을 냈고, 획기적으로 내 통증을 처리해 주지 못하는 의학에 냉소적 태도로 일관했다.

그러다가 8년이 지난 1996년에 지인을 통해 서울아산병원의 유빈 선생님을 소개받았다. 지금은 류마티스내과이지만 그때에는 면역내과에서 선생님을 처음 만났다. 그제야 비로소 내 병이 어떤 병인지 알게 되었고, 면역억제제를 비롯한 류마티스 관절염 약을 먹기 시작했다. 발병 이후 처음으로 내 몸이 안정을 찾는 듯했다. 이때부터 내가 환자임을 인정하고 의료진과 동행하는 쪽을 선택해서 그들의 도움을 적극적으로 받기 시작했다.

류마티스 관절염은 세균이 관절에 들어와 염증을 일으키는 감염병도 아니고 부모로부터 물려받는 유전병도 아니다. 무슨 이유로, 무엇 때문에 내 면역 체계가 고장이 나서 내 몸을 공격하는지 정확히 밝혀진 바가 없다. 의학계의 가장 큰 미스터리 중 하나다. 다만, "류마티스 관절염의 발병 위험에서 유전자의 역할은 절반 정도이고 나머지는 환경 요인이 차지한다. 그런 성향이 있는 유전자가 알맞은 환경을 만났을 때 비로소 병에 걸리는 것이다"(『엄마가 죽고 나는 의학자가 되었다』, 57쪽). 내가 내 몸을 이물질로 취급해서 공격하다니, 자가면역질환은 마음으로 받아들이는 것은 고사하고 머리로 이해하기도 쉽지 않은 병이다.

내 고통에, 내 병명에 납득할 만한 이유를 찾을 수 없을지도 모른다. 이번에는 간염을 비롯한 말초신경의 문제로 왔지만 다음에는 심장이나 혈관 등 몸의 어느 부위에 이상이 올지 모른다. 그럴 가능성은 얼마든지 존재한다. 납득할 수 없다고 머리를 쥐어뜯으며 떼굴떼굴 구르기에는 이제 내가 너무 늙었다. 오면 오는구나, 가면 가는구나, 앞으로는 더더욱 이런 자세로 살아야 한다. 내가 생각한 최선이 이루어져서 감사하기보단 최악이 아니라서 감사한, 그런 날이 더 많아질 것 같다.

우리나라에는 약 2천여 종의 질환, 80만 명의 희귀난치성질환 환자가 있다고 한다. 현재 내가 갖고 있는 류마티스 관절염, 쇼그렌 증후군, 자가면역성 간염은 희귀난치성질환으로 산정 특례를 적용받는다. 그래서 의료비 본인 부담금이 10% 수준이다. 이 또한 참 감사하다. 비록 경증이지만 장애인 등록도 되어서 지하철 요금을 내지 않고, 서울시에서 버스비도 지원해 준다. 내가 내는 세금이 환자와 장애인의 삶을 개선하는 데 더 많이 쓰이길 바란다.

요즘 유행하는 MBTI 검사를 둘째 아이를 낳은 후 처음으로 했다. 그때의 나는 J(judging) 성향이 100%로 나왔다. 계획을 세워 실행하고 시공간은 언제나 정리정돈이 되어 있어야 맘이 편하고, 그래야 살아갈 에너지를 얻는, 나는 그게 편한 사람이다. 아이를 둘이나 키우면서도 저런 성향으로 남아 있다는 게 놀라웠다.

만성질환자로, 특히 통증을 달고 사는 건 내 성향대로 살 수 없음을 의미했고, 내 삶은 나를 뛰어넘어야 겨우 굴러갈 수 있었다. 약으로도 통증이 잡히지 않았던 20~30대의 숱한 밤, 나는 눈물로 양식을 삼으며 내일 아침에 눈을 뜨지 않기를 바라고 또 바랐다. 그런 시간을 거치며 환자로 사는 일상에 적응했고 더 이상 J답게 살지 않아도 큰 스트레스를 받지 않게 되었다.

하지만 통증에 갇힐 때마다 여전히 두렵다. 오래 겪어 보았으니 익숙해졌다고 생각했지만, 통증은 두려움을 쓸데없이 예민하게 자극한다. 약속을 지키지 못할까 봐 두렵고, 책임을 다하지 못할까 봐 두렵고, 쌓아 놓은 것이 망쳐지고 끝장날까 봐 두렵고, 다시 병원과 집에 갇힐 것만 같아서 두렵고, 내 존재가 쓸모없게 여겨질까 봐, 내가 사랑하는 사람들에게 상처를 줄까 봐, 사랑하는 이들에게 버려질까 봐 두

럽다.

　장애나 병을 가진 사람들은 자신이 하고 싶은 일과 자기 몸의 한계 사이에서 늘 아슬아슬한 줄타기를 한다. 내 밥벌이를 하는 것과 도움을 받는 것 사이에서 항상 혼란스럽다. 환자가 아닌, 장애인이 아닌 삶을 꿈꾸지만, 가끔은 환자이거나 장애인인 몸 뒤로 숨어 버리고 싶다. 이렇듯 나는 분열된 존재다. 본질적으로 깨지기 쉬운 사람이다. 이런 나를 받아들이고 살아야 살아진다.

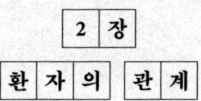

2 장
환 자 의 관 계

"나도 보통 사람처럼 살고 싶다"

1996년 9월 30일 서울중앙병원(현 아산병원)에서 다시 진료를 받아 약을 먹은 지 두 달이 지났다. 이 두 달 동안 88년 가을 이후로 가장 좋은 몸 컨디션으로 지낼 수 있었다. (한동안 기적적으로 건강이 회복되었던) 91년의 큰 변화 이전에 약을 먹던 느낌과는 참 다르다. 약을 먹을 때의 내 느낌이 많이 변했다. 억울하고 이해가 안 되고 우울했던 모습에서, 은혜라 여기고 축복하고 감사한 모습으로. 몸이 견딜 만하고 움직일 만하고 희연이를 돌볼 수 있을 만하니까 내 자아상도 많이 달라졌다. 지난 2년 동안의 침체와 우울함과 피로와 죽고 싶었던 느낌, 그 대부분의 원인이 내 몸이 건강하지 않았던, 너무 아팠던 고통 자체에 있었음을 알게 되었다. 그때 너무 자책했던 것, 열등감에 쌓였던 것이나 엄마와 아내의 역할조차 제대로 못 해내는 것 같은 무력감에 스스로를 비하했던 것이 제대로 된 판단이 아니었다고 스스로 위로하고 있다.

하나님이 내 병의 치료자가 되셨던 것도 인정하고 다시 그리하실 수 있다는 것도 믿는다. 그러나 현재 내가 다시 이 병에 시달리고 있다는 사실도 부인하지 않고 내게 아주 일반적인 치료가 필수적이라는 것도 인정한다. 그러나 왜 또다시 아파야만 하는 것인지에 대해서는 알 수 없고 그에 대한 답도 없다. 그렇지만 답답해하거나 억울해하진 않겠다. 다만 내 인생이 하나님 손 안에 있고 하나님이 나를 고통 중에 내어 버려두시는 분이 아님을 믿을 뿐이다.

1997년 12월 15일 잠이 안 온다. 일주일 넘게 계속되는 온몸의 통증 때문에 밤에 잠을 자는 게 두려워졌다. 아침에 느낄 극심한 통증을 생각하니……. 누워 있자니 생각은 이리저리 산만하게 움직이고 그래서 더 잠을 이룰 수가 없다.

1999년 5월 13일 밤새도록 기침을 해서 목이 너무 아프다. 감기는 나아질 줄 모르고 이런저런 증상이 나타나고 있다. 내가 먹는 약들이 나타내는 부작용으로 심한 감정 기복이 일어날 수 있다고 한다. 부작용을 감안하고 나를 생각해야 할지, 이게 본래의 나인지 구별이 안 된다. 약에 원인이 있는 건지, 내가 원래 이런 사람이었는지…… 끊임없이 몸과 마음이 다 가라앉아 있다.

통증과 함께 잠이 들고 통증 때문에 아침에 일어나기 힘든 일상을 하루도 빼놓지 않고 견뎌 내야 했다. 뭔가가 되고자 대학에 들어왔는데 순식간에 아무것도 할 수 없는 상태로 전락했다. 매사에 적극적이고 열심히 일을 찾아서 하던 나는 온데간데없이 사라지고, 움츠러들고 소심하고 죽기만을 기다리는 '루저'만 남았다. 경력 단절은커녕 경력을 쌓을 수조차 없는 상황이 되고 말았다.

존재하고는 있지만 역할을 다하지 못했다. 책임감이 강한 나로서는 받아들이기 힘들었다. 예측할 수 없는 몸 상태로 인해 약속을 어기게 되고 계획한 일을 처리하지 못하는 경우가 생기면서, 어느 때부터인가 사람들을 피하기 시작했다. 통증 속에서 산다는 게 어떤 의미인지 제대로 표현할 수 없었다. 통증을 표현할 수 없기에 입을 다물게 되면서 저절로 고립되었다. 고립은 통증을 악화시켰다.

경쟁에서 실패한 내 모습을 보이고 싶지 않았다. 시간이 흐르면 건강이 회복되리라는 믿음도 사라졌다. 내 삶은 '노오력'으로도 통제 불가능한, 전적으로 우연에 맡겨진 삶이 되었다. 다른 사람들은 당연하다는 듯 내일과 내년의 계획을 짰지만 내게 미래는 전부 불확실했다. 나는 어딘가에 속해 있다는 느낌을 잃었다. 언제나 불안했다. 세계 전체가 깨지기 쉬운 곳이 되어 버렸다. 모든 것이 망쳐지고 끝장날 것 같아 두려웠다. 제발 더 이상 아무 일도 일어나지 않기를 바랐다.

친구들

1989년 8월 25일 난 울고 있다 지금. 절망 상태다. 아픈 게 나아지면 밝아지고, 뭔가 할 수 있으리라 생각한 게 분명 있었는데…… 여러 아이들과 만나고 난 후에 내가 겪어야 하는 열등감……. 그래, 애들 말대로 난 당차고 자신 있고 확실한 모습이었어.

1989년 11월 9일 이틀이 어떻게 지나갔는지. 제정신이 아닌 채로 너무나 아팠다. 온몸이 흠뻑 젖을 만큼 열이 나고 땀을 흘리고 머리가 아파서 눈이 빠지는 것 같았다. 그래서 울음이 나오는 것도 참았고……. 약 때문에 내 위는 갈수록 약해지고, 아픈 내 모습에 무기력함마저 느꼈다. 내가 무엇을 할 수 있지? 조금만 신경을 쓰면 몸이 이 모양인데 내가 철저히 계획을 하면 할수록 더욱더 나에 대해 포기해야만 한다.

1991년 1월 10일 세브란스 내과. 류마티스란 이 병은 더 나아지지도 더 악화되지도 않고 내 존재와 정신 상태에 영향을 주고 있다. 난 언제나 처음인 것으로 늘 되풀이, 되풀이, 되풀이. 해결하려 하지 않고 지내기 때문이다. 병을 고려하는 것과 불리한 요소로 여기는 것의 차이는 무엇일까. 난 계속 불리하다고 생각해 왔다……. 내과에서 얘기를 듣다. 정확하게, 내가 알아듣기 쉽게 얘기해주지는 않고 또다시 검사, 검사, 검사……. 꾸준히 치료하고 약을 쓰는 수밖에 없다고. 이딴 말은 나라도 하겠다. 식상한 의사들의 말.

2011년 9월 2일 어떤 사람과 대화를 나누는데 내가 하는 이야기마다 "그래도 너는 낫지"라며 나보다 더 힘든 사례를 들거나, "그런 건 포기해야 하는 거 아니니"라고 말하거나, "그건 너와 하나님과의 문제지"라며 모든 것에 영적인 해결책을 제시하거나…… 하면 난 그냥, 그만 이야기하고 싶어진다. 한 사람과 이야기를 나누며 이런 반응을 한꺼번에 받고 나니, 피로감이 산더미.

"사람들이 애도와 관련해 겪는 문제는 대부분 상실이 겹쳐서 생기기보다는 상실한 사람이 그만 슬퍼하길 주변에서 바라기 때문에 생긴다. 모두가 질병에서 비롯된 상실이든 죽음에서 비롯된 상실이든 아픈 사람이나 돌보는 사람이 빨리 상실에 적응하길 바란다. 아픈 사람이 슬퍼하다 보면 치료가 늦어질 수도 있고, 한편으로 슬퍼하는 모습은 주변 사람들에게 자신도 언젠가는 죽는다는 사실을 떠올리게 하기 때문일 것이다. 사회는 아픈 사람과 돌보는 사람이 상실을 그리 대단치 않은 일로 정리하고 잊은 다음, 건강한 보통 사람들 사이로 돌아가라고 압력을 가한다." 『아픈 몸을 살다』, 68쪽

사랑

1990년 3월 28일 내과에 갔다가 치과병원에 갔다. 병원에 와서 희망이나 긍정적인 말로 위로 받을 것을 기대하진 않았지만 별로 유쾌한 기분은 아니다. 정말 철저하게 병에 대해 신경을 쓰게 되는 것 같다. 내과에서 받으라는 검사, 우이형 선생님의 조언, 내 이야기이고 나에게 한 말인데 나는 다른 사람에게 해당하는 말처럼 덤덤하게 듣고 있었다. 실행에 옮기지 않을 생각으로…… 검사받고 싶지 않고…… 어쩌면 그냥 둬서 계속 악화되길 은근히 기대하고 있는 것인지도 모르겠다. 나는 꼭 병 치료에 헌신적인 것 같지 않다. 아니, 전혀 헌신하지 않고 있고 그럴 마음이 없어서 그게 걱정이다. 폐렴이든 폐암이든 별 상관이 없지. 왜 차라리 심각하고 치명적인 병이 아니

라 여러 가지 복합적인 것 때문에 신경 써야 하는 거지! 아냐, 그냥 단순히 감기에 몸이 약해져서 잘 체하는 정도일 거야. 괜히 지레짐작으로 돈만 처들여 검사만 많이 하는 거지……. 앞으로 내가 어떻게 살게 될지 기대가 되고 —기대라는 표현보다는 흥미라고 하는 편이 낫겠지— 참 재미있을 것 같다.

1990년 8월 16일 오늘 하루가 까마득히 긴 시간처럼 느껴진다. 어젯밤에 깜박 잊고 약을 먹지 않고 잤더니 아침엔 도저히 일어날 수 없을 정도로 온몸이 아팠다. 손, 목, 어깨, 발목…… 무서웠다. 다 나았다고 생각하며 감사했는데 겨우 몇 시간 약효가 없다고 이렇게 극심하게 아프다니……. 깨어 있던 시간이 얼마 안 될 정도로 계속 잠잘 수밖에 없었다. 끙끙 앓고 땀 흘리고 눈앞이 노래졌다. 나는 조금이라도 아픈 게 무섭다. 아프면 생각의 조그마한 진전도 결코 이룰 수가 없다. 두 가지가 두렵다. 나는 해야 하고, 하고 싶은 일이 많은 사람인데, 나는 선생님하고 행복하게 살고 싶은데……. 오늘 또다시든 생각은, 내게 있어 결혼이란 일종의 사치이고, 최선의 사랑 표현이 꼭 결혼은 아니라는 거다. 아픈 사람도 사랑할 수 있다고—아니, 결혼이겠지—애써 마음 먹은 것이 다시 재조정되었다. 가끔씩 이렇게 아플 때면 마음마저 내려앉는 것 같다.

1990년 6월 16일 내가 건강해지지 않으면 난 결코 결혼하
거나 어머니가 되고 싶지 않아. 아픈 것은 나 혼자로 족
해. 더 이상 그 누구에게도 나의 아픈 것을 나누고 싶지
않다.

도망치듯 숨은 곳, 결혼

어떡하든지 빨리 집에서 독립하고 싶었다. 아니, 탈출하고
싶었다는 게 더 정확한 표현일 것이다. 가족이어서 행복했다
고 느낀 적이 없는 집에서 나오고 싶었다. 부모님의 불화를
더는 보고 싶지 않았고 하루라도 빨리 나만의 시공간을 꾸리
고 싶었다. 결혼 외에는 집에서 나올 명분이 없었는데 대학
4학년 때 동아리 '오빠'와 연애를 시작했다. 몇 번의 가슴 아
픈 이별을 겪고 시작한 연애라 더욱 소중했다. 오빠는 누구
에게나 인정받고 친구들에게 존경 받는 좋은 사람이었다. 독
립이라는 목표도 있었지만, 이토록 멋진 그와 한집에서 지내
고 싶은 마음이 절절했다. 자취하고 있던 그 역시 결혼을 미
룰 이유가 없다고 생각했다.

대학을 졸업한 다음해, 결혼하겠다는 나의 말에 아버지
는 강하게 반대하셨다. 자랑거리이던 셋째 딸이 아무것도 이

루지 못하고 결혼을 한다니, 아버지는 받아들이실 수가 없었다. 내가 고시에 합격하길 바라신 아버지의 세계관으로 보자면, 여자는 결혼하면 끝(?)이었다. 심지어 결혼하겠다고 데려온 남자는 한쪽 다리를 절고 돈도 잘 못 버는 선교단체 사역자였다. 아버지는 결혼을 만류하며 내 앞에서 우셨다. 하지만 그간 혼자 알아서 잘해 온 나는 내 선택에 자신 있었다. 마음도 맞고 말도 잘 통하는 이 남자라면 부모님과는 다른 행복한 결혼생활을 하리라 믿어 의심치 않았다. 나를 사랑하는 남자니까 그와 살면서 내가 잘하는 일을 찾아 가면 된다고 확신했다. 사랑에 눈이 먼다는 게 딱 나를 두고 하는 말이었다.

　반대하는 아버지를 뒤로하고 결혼을 추진했다. 그도 나도 돈이 없으니 오히려 결혼하기가 쉬웠다. 우리는 끌어올 수 있는 돈을 탈탈 털어 작은 옥탑방을 얻었다. 예단이니 패물이니 하는 것은 딴 나라 사람들 이야기였다. 그래도 괜찮았다. 노랫말처럼 "저 푸른 초원 위에 그림 같은" 옥탑방에서 "사랑하는 우리 님과 한평생" 잘 살리라 꿈을 꾸었다. 그간 고생했으니 하나님이 이 정도의 소박한(?) 꿈은 이루어 주셔야 마땅하다는 발칙한 협상까지 했다. 하지만 아픈 몸으로 결혼생활을 한다는 게 무엇을 의미하는지 그때는 잘 몰랐다. 나도, 오빠도 몰랐다. 나는 내 한몸 건사하기도 어려운 환자였다.

1990년 6월 20일 정신없이 지나간 어제 하루. 집안일—겨우 빨래, 설거지, 밥 짓기—이 참 별것 아닌 줄 알았는데, 하루 종일 온몸이 아파서 견딜 수가 없었다. 어깨, 팔, 다리, 허리……. 집 안을 사람 사는 곳처럼 깨끗하게 해 놓고 살려면, 가정주부라는 직업은 다른 어느 직업보다 더 힘들고 결코 병행할 수 없을 거라는 생각이 들었다. 힘들다.

1992년 3월 12일 몸이 아플 때 추락하는 듯한 기분을 종종 느꼈는데 오늘도 바로 그런 날이었다. 아침부터 심상치 않았다. 겨우 일어나서 기도 받으러 갔다. 권사님의 손이 닿는 곳마다 전부 아프고 눈물이 났다. "나의 말에 귀를 기울이사 내 심사를 통촉하고……"라는 시편의 구절이 절실히 생각났다. 결국 길에서 토했고 엉금엉금 기다시피해서 집에 돌아왔다. 누워서 계속 잤는데 열이 나고 정신이 하나도 없었다. 엄마가 오빠의 편지를 가져다주면서 "종호 편지 보면 안 아플 거야" 하는 얘기를 듣고서 잠이 들었고 10시가 되어서 조금 정신을 차렸다.

오늘밤에 오빠에게 전화한다고 했었는데 일부러 하지 않았다. 또 아프다고 하기가 싫었다. 오빠도 뻔히 아는 이 사실을 왜 여전히 얘기하기가 꺼려지는 걸까. 그가 기도하고 간구해 준다는 것을 감사히 여기면서도, 내가

몸이 아프고 그것 때문에 결국은 하루 종일 아무것도 할
수 없었다는 사실이 내겐 지독한 눌림이 되는 거다.

1992년 3월 17일 병이 완전히 나은 후에 교제를 했어야 했
는데, 당시 내 생각에 병과 교제는 항목이 다른 기도 제
목이었다. 현재 부딪히는 것은 건강과 결혼이 마구 혼란
스럽게 돌아가고 있다는 거다. 나는 누구의 짐이 되고
싶지 않다. 그건 정말 싫어. 그렇기 때문에 몸이 아픈 사
실을 오빠와(다른 사람이라면 몰라도) 나누기가 더 어려
워지는 것……. 나에게 결혼이라는 현실이 가능할까 하
는 의문. 아픈 내 상황이 던지는 질문이다.

1992년 4월 1일 토요일 창경궁에서 모임을 한 이후로 계속
해서 피로가 쌓였는지 오늘 오전에는 일어날 수 없을 정
도의 상태였다. 입술이 부르트고 몸이 무겁다. 잘 움직
여지지 않는 무릎과 자꾸 벌어지는 앞니를 보면 정말 눈
물이 난다. 오빠가 괜히 불쌍해지고 나 땜에 힘들어질
것 같아서. 사실은 그런 걸 내가 보고 싶지 않아서 그러
는 거지. 자기연민은 금물.

1992년 6월 30일 난 내가 건강한 몸이 아니라는 게 두렵다.
특히 오빠와의 관계에서. 내가 건강하지 않음으로 오빠

가 떠날 것 같은 생각. 불안함. 전에 겪었던 경험이다. 내 무의식을 지배하고 있는 이 깊은 마음속 생각이 기도하면서 드러났다.

1992년 7월 12일 내가 아프지 않았다면 엄마는 내가 오빠 만나는 걸 반대했을 거라고 했다. 엄마에게도 내가 아프다는 사실이 큰 변수인 게 사실이다. 오빠의 어머니가 오빠의 신체적 장애를 그렇게 느끼시듯.

가족

1989년 4월 2일 내가 없으면 집이 덜 힘들 것이라는 낮은 자존감, 무가치함……. 어쩔 수 없이 나의 아픈 것을 시중하고 스트레스 받아야 하는 가족. 이것마저 내겐 부담스러워졌다. 내 몸 아픈 것만으로도 지쳐 쓰러질 판이다. 또 다시 무얼 더 감당해 내야 하는가.

1995년 9월 6일 아침이면 견딜 수 없이 몸이 아프고, 해야만 하는 일들로 하루를 희연이와 씨름하고 나면 거의 탈진 상태다. 그간 효과 있던 약도 이젠 먹으나 마나 하다. 무엇으로 이 뼈와 근육의 통증을 최소화할 수 있을까. 안쓰럽게 받아 주던 엄마와 살고 있는 것도 아닌데.

1998년 12월 10일 어느 날 스테로이드제를 먹으려고 하는데 갑자기 내가 스테로이드제와 결혼해 살고 있다는 느낌이 들었다. 당황스러웠다. 난 스테로이드제 없이는 정상적인 생활을 할 수가 없다. 스테로이드제는 너무나 힘들 때 항상 내게 힘을 주었고 늘 언제나 자기 자리에서 나를 기다리고 있다가 나의 육체적·정서적 필요를 채워 주었고……. 스테로이드제로 몸 상태가 호전된 이후 오빠는 현저히 내게 관심을 두지 않고, 내 상태에 대해 물어봐 준다거나 하지 않는다. 물론 정신없이 바쁘기도 하지만…….

1998년 5월 19일 내 인생의 20대는 꼬박 아프면서 보낸 것 같다. 결혼을 하고 아이를 얻은 것은 정말로 은혜이고 기적이겠지. 그러나 아픈 동안 내 인생은 고전했고 고단했고 비참했고 힘겨웠던 것 같다. 정말로 아픈 데서 자유로워지고 싶다.

2002년 12월 31일 오래 견디다가 받은 지난 9월의 인공 고관절 수술. 여러 가지 갈등도 있었고 망설임 끝에 내린 결정이었는데 하나님이 이걸 잘 사용해 주셨다. 일차적으로 일상을 지배해 온 통증에서 많이 자유로워져서 통증 없이 걷고 앉고 일어서는 단순한 기쁨을 누리게 되었다. 얼마나 많은 것을 감사하고 기뻐하지 못하며 살아왔는지 깨달았다. 남편과의 관계도 더욱 풍성하고 깊어져서, 서로에게 각자의 존재가 얼마나 소중한지 깊이 알게 되었다. 병 때문에 놓친 기회, 아픔으로 인해 발휘하지 못한 역량, 경쟁 사회에서 뒤쳐진 패배감이 날 너무나 괴롭혀 왔는데, 사실 내가 우리 가족과 나와 관계 맺는 사람들에게 줄 수 있는 가장 큰 선물은 마음의 평안이며 감사라는 것도 많이 깨달았다.

2003년 1월 7일 종종 버림받은 듯한, 홀로 남겨진 듯한 외로움을 느낀다. 병을 앓는 나, 질병이 주는 육체적 고통보다도 혼자 이 짐을 져야 한다는 외로움이 더 힘들다.

2016년 5월 15일 내가 출연한 〈새롭게 하소서〉 방송을 담임 목사님과 사모님이 이곳저곳 카톡방에 공유하고 보내 주셨단다. 오늘 교회에서 너무 많은 인사를 받았다. 잘 보았고 감동 받으셨다고. 그렇게 아팠던 얘기를 어떻게 그리 담담하게 얘기하느냐 하셨다.

　같은 교회에 출석하는 친정엄마도 사모님을 통해 방송을 보셨다고 했다. 방송을 보고 그날 잠을 한숨도 못 주무셨다고 하셨다. 다른 집사님과 대화하며 당시 상황을 회상하셨다. 정작 난 잊어버린 일인데. "병원에서도 뭘 어떻게 해 주질 못하고…… 애는 너무 아파 가지고 쩔쩔매는데…… 간절하니까 매일 밤 내가 애들이랑 기도했지. 그때마다 얘가 그러더라구. 하나님 날 좀 데려가 주세요, 너무 아프니까 내일 아침엔 눈뜨지 않게 해 주세요, 라고…….”

　　결국 엄마는 목이 메어 말을 잇지 못하셨다. 열아홉 살 딸의 고통을 하릴없이 바라볼 수밖에 없었던 엄마의 아픔이 어떠했을지 처음으로 보고 느낀 순간이었다.

2016년 8월 8일　나는 류마티스내과에서 류마티스 관절염과 쇼그렌 증후군과 섬유근통, 이 세 가지 진단을 받은 만성질환 환자다. 일상생활은 이 질병들로 인해 불편하고 제한을 받는다. 몸은 거의 언제나 두들겨 맞은 듯이 아프고, 진통제를 입에 달고 산다.

　　자주 헷갈린다. 나는 환자이고 싶지 않고 보통사람처럼 살고 싶다. 하지만 때론 환자이고 싶고 보통사람과 다름을 인정받고도 싶다. 보통사람들이 살아가는 속도와 양을 따라가기가 벅차지만 까탈스런 사람처럼 보일까 봐 가만히 입을 다문다. 그러다 보면 몸이 죽어 나가고 마음까지 곤두박질친다. 그렇다고 내 속도로 내가 할 수 있는 것만 하자니 반경은 한없이 좁아지고 외로워질 게 분명하다.

이 사이에 끼어 있는 존재인 나조차도 내 상태를, 내가 원하는 바를 잘 모르겠는데 남편과 아이들을 포함한 제3자가 어떻게 해 주어야 하는지, 해 주기를 바라는지 잘 모르겠다. 까탈스럽고 예민하다는 평가가 과연 적절한지, 몸이 하는 말에 따라 살아야 하는 건지, 그것도 잘 모르겠다.

결혼을 뭐라고 생각했던 걸까

신혼생활의 달콤함을 누릴 새도 없이 덜컥 임신했다. 임신을 받아들이기까지 혼란스러운 시간을 보냈으나 이내 마음을 추스르고 딸을 낳았다. 아이를 낳는 일은 환자인 내 몸에 타격을 입혀서 나는 이전보다 많은 양의 약을 입에 털어 넣으며 일상을 버텼다. 갓난쟁이를 돌보느라 제대로 쉬지 못하고 제때 먹지도 못하면서 점점 피골이 상접한 몰골로 변해 갔다. 나도 너무 아픈데 옆에서 우는 아이를 보며 망연자실한 나날을 보냈다. 결국 내 몸은 버티지 못하고 아이가 돌이 될 무렵 '영양실조'라는 어이없는 이유로 장기간 입원하기도 했다.

남편은 바깥에서 늘 중요한 일이 많았다. 여름과 겨울에는 출장이 잦았다. 나는 밤새 끙끙 앓고도 날이 밝으면 남편과 아이가 먹을 아침밥을 준비했다. 출장에서 돌아온 남편이 쏟아놓은 옷가지들을 빨고 개키는 일도 내 몫이었다. 나 스스로 그게 전업주부인 내 '밥값'이라고 생각했다. 환자인 내 겐 그마저도 힘든 일이었다. 게다가 남편은 밖에서 의미 있는 일을 하며 인정받고 있는데 집안일만 하는 내 신세가 처량했다. 대체 나는 결혼을 뭐라고 생각했던 걸까. 결혼생활은 밥을 먹고, 설거지를 하고, 쓰레기를 버리고, 아이 똥 기저귀 갈기를 끊임없이 반복하는 일이었다.

위로 누나만 셋인 남편은 시어머님이 마흔 넘어 낳은 귀하디귀한 아들이었다. 시어머니의 표현에 따르면 "세 돌 될 때까지 땅에 내려놓은 적 없는" 소중한 아들이었다. 그런 아들로 자랐다는 게 무슨 뜻인지 알 리 없었던 나는, 결혼한 후에 남편이 보이는 행동으로 인해 당황하고 헷갈린 적이 많았다. 마음으로는 나를 진심으로 사랑했으나, 아니, 사랑하고 싶었겠지만, 그는 어떻게 자기 몸을 움직여 타인을 돌봐야 하는지 잘 몰랐다. 사랑 하나 믿고 시작한 결혼이었는데, 내가 함께 사는 이 남자는 내가 좋아했던 '그 오빠'가 아닌 것 같아서 혼란스러웠다. 그와의 사이에 점점 거리감이 생겼다.

사랑에 빠진 사람이면 누구나 그러하듯, 처음에 나는 오빠가 지닌 강점에 매료되었다. 약점은 보이지 않았다. 아니, 내가 선택한 그는 약점이 없어야 했다. 설령 약점이 있더라도 내가 감싸안고 참으면 된다고 생각했다. 그래서 그에게 너무 많은 것을 바랐다. 나는 그를 이상화하여 내가 원하는 인물로 만들어 냈다. 그 인물상에서 어긋나면 재빨리 그에게 실망했다. 나도 내 마음을 잘 모를 때가 많으면서, 나도 잘 모르겠는 내 마음을 그가 헤아리고 채워 줄 거라고 기대했다. 막연한 기대만큼 사람을 옥죄는 것도 없는 법인데 말이다. 자기를 있는 모습 그대로 사랑하지 않고 늘 부족한 사람으로 만든 나로 인해 남편이 많이 고단했을 거라는 생각은 아주 나중에서야 들었다.

겉모습과는 달리 나는 기질적으로 싸우는 걸 잘 하지 못한다. 갈등이 생기거나 의견 차이가 있으면 그냥 입을 다물거나 싸움의 현장을 떠나곤 했다. 갈등이 있는 사람과는 물리적·심리적 거리를 두면 그만이었다. 하지만 그것은 문제를 해결하는 게 아니었다. 나는 남편과도 싸우지 않았다. 싸우면 부모님처럼 진짜 끝이 나 버릴까 봐 싸우지 못했다. 화가 나면 침묵하는 쪽을 택했다. 어떻게 하는 게 잘 싸우는 걸까? 자기 의견을 주장하며 핏대를 세우다가도 타협점을 찾고, 울고불고 억울해하다가도 사과하고 용서하고 화해할 수 있는 걸까? 그렇게 싸워도 계속 좋은 친구로 남을 수 있다는 자신감은 어디서 오는 걸까?

이러한 인간관계의 기본을 배우지 못한 대가를 결혼생활 내내 톡톡히 치렀다. 관계를 끊을 수도, 심리적 거리를 둔 채 한집에서 지낼 수도 없어서 결혼생활이 마치 매듭 같았다. 풀리지 않는 관계는 그냥 포기하는 게 낫지 않을까 여러 번 생각했다. 결혼은 내가 보란 듯 자신만만하게 선택해서 고른 삶의 한 조각이었다. 그런데 이 조각이 반짝이지 않을 뿐만 아니라 나에게 어울리지도 않는 것 같아서 난감하고 어정쩡한 상태가 이어졌다.

2011년 11월 9일 나는 류마티스 관절염으로 손가락들이 구부러져서 쫙 펴지지 않고 고관절은 인공관절인 6급 장애인이다. 남편은 어릴 적 소아마비를 앓아 다리가 불편한 5급 장애인이다. 우리의 신체적인 다름과 불편함을 관찰한 막내딸이 그런다.

"엄마랑 아빠는 왜 장애인끼리 결혼했어요?"

"장애인끼리 도우면서 살려고 결혼했지~. 왜, 엄마 아빠가 장애인이라 부끄러워?"

"아니요! 몸보다 마음의 장애인이 더 문제지요~."

다름과 차이를 '인지'하는 것은 아주 자연스럽고 건강한 것이다. 그 다름을 부끄러워하고 열등하게 여길 때 굴레가 되는 것.

2012년 3월 16일 수필반 옆자리에 앉은 젊은 처자와 식사를 했다. 전에 내 수필을 감동 깊게 읽었다고 하도 칭찬을 해서리……. 글 쓰는 이야기를 나누다가, "제가요 몸이 안 좋아서요……"라는 말을 하기에 내가 아팠던 이야기를 짧고 굵게 나누었다. 그 처자에게 어디가 안 좋으냐 물으니, 예전에 침을 잘못 맞아서 양쪽 팔을 잘 쓰지 못하게 되었단다. 통증도 심해서 지금은 컴퓨터 작업도 어렵고 어깨에 가방도 멜 수가 없단다. 7년 전부터는 아예 직장도 접고 집에서 용돈을 타 쓴단다.

그녀의 이야기를 들으며 나는 몇 마디 맞장구를 치고 그녀의 마음이 어떨지 조금 표현했을 뿐인데…… 그녀가 울었다. 펑펑 울었다. 처음 만난 내 앞에서 꾹꾹 울음을 참느라 애를 썼다. 어쩌나 민망해 하는지, 내가 괜찮다고 하니까 눈이 퉁퉁 붓도록 눈물을 흘렸다. 덕분에 같이 먹고 있던 칼국수도 퉁퉁 불었다……. 큰딸이 제발 사람들 좀 울리지 말라고 했는데, 또 울렸다. 내가 뭘 어쨌다고.

2014년 5월 11일 첫사랑과 헤어진 날, 샴페인 한 병 사 들고 들어와 밤새 울면서 다 마셨다. 엄청 취해서, 쿨쿨 자고 있는 언니를 깨워 횡설수설한 것이 어언 26년 전의 일이다. 그날 이후로 오랜만에, 오늘 저녁 다시 맥주를 두 잔쯤 마시고 취해 누워 있다.

그래, 나 술 좀 마셨다. 세월호 유가족을 능멸하는 나쁜 놈들 땜에, 또 그들을 서서히 잊어 가는 주변의 착한 사람들 땜에 슬퍼서 마셨다. 이들을 사랑하며, 이들의 사랑을 바라며 살아갈 앞으로의 날들이 엄두가 나지 않아 속상해서 마셨다. 아 취한다……. 어지럽고 가슴 먹먹하다.

2015년 6월 7일 만성질병을 가진 환자로 살면서 억울할(?) 때가 있다. 특히 내가 갖고 있는 류마티스 관절염, 섬유 근통, 쇼그렌 증후군 같은 자가면역질환은 겉으로 드러 나지 않는다. 겉으로는 멀쩡하다. 병명과 증세를 아무리 설명해 줘도, 다른 사람은 들을 때뿐이다. 남편도 아이 들도 모른다. 뭐, 이제는 누가 알아주길 기대하지도 않 지만.

평소에 약으로 비교적 잘 조절되던 몸 상태가 어떤 때는 끝 모르게 추락하기도 한다. 견뎌 보다가 힘들면 하던 일을 멈추어야 하고 모임 중간에 빠져나올 수밖에 없다. ISTJ 성향에 충성과 성실을 장점으로 여기던 나 로서는 이렇게 빠져나오기가 처음에도 쉽지 않았고 여 전히 어렵다.

오늘도 교회에서 그렇게 빠져나오면서 마음이 혼 란스러웠다. 매번 설명하기도 구차하고 홀연히 사라지 는 것도 뻘쭘하다. 이럴 때마다 몸이 힘든 건지 마음이 힘든 건지 정말 분간할 수 없고, 진짜 힘든 건지 꾀가 난 건지 가늠할 수도 없다. 누구의 비난처럼 나는 정말 게 으른 건가 자책하기도 한다.

그냥, 여러분 주변에 만성질환자들이 있다면, 그들이 끼어 있는 이 어정쩡한 상태를 한번쯤은 헤아려 주십사 하는 바람으로 이 글을 쓴다. 만성질환이 없는 사람들의 역량을 다 좇아가지 못하는 사람의 고충도 있다는 점을 얘기하고 싶었다.

2016년 3월 15일 untouchable: 1. 불가촉천민 2. 손대어서는 안 되는 3. 당할 수 없는.

요 며칠 내 타임라인을 뒤덮은 한 단어. 언터처블. 나도 한때는 언터처블한 여자. 만성질병을 앓느라 몸도 마음도 빛을 잃었던 대학 시절. 살아야 할 이유도, 살고 싶은 마음도 없었던 그때. 선후배들과 친구들이 농담처럼 했던 말. "경아를 누가 감당할 수 있겠어?"

물론 나의 정확하고도 똑 부러지는 말발과 판단에 혀를 내두르며 웃자고 한 말이었겠지. 그러나 나는 그 누구도 감당할 수 없는, 언터처블한, 손댈 수 없었던 여자.

나는 그때 몸도 마음도 너무 아팠어. 그래도 누구더러 날 감당해 달라고 하지는 않았는데. 나더러 언터처블하다니. 그건 너무했다. 난 그저 공감을 원했을 뿐. 어린 나이에 난치병을 안고 사는 내 옆에 그냥 있어 주길 바랐는데. 난 누구도 감당할 수 없는, 불가촉천민.

세월호 사건으로 아이를 잃은 언터처블한 부모들. 그냥 같이 아파해 줄 수 없었니? 살면서 소중한 걸 잃거나 뺏겨 본 적 없어? 심지어 자식을 잃었는데 말이야. 게다가 죽은 자식 사망신고도 하지 못하는 심정. 상상이 가능해? 정녕 네가 손댈 수도, 감당할 수도 없다면 조용히 했어야지. 그들의 슬픔이 진정 언터처블한 슬픔 아니겠니.

나는 언터처블한 여자. 김종호가 뭣도 모르고 손댔다가, 감당해 보려고 다가왔다가 깜놀. 천만다행으로 언프리딕터블리 여태 같이 살고 있는. 언스피커블한 하나님의 은혜.

2016년 10월 3일 『한나의 아이』. 여기저기서 쩔끔쩔끔 저자 스탠리 하우어워스에 대한 이야기를 읽었다. 정신질환을 겪는 아내와 살면서 이해할 수도, 해결할 수도 없는 고통의 문제를 깊이 다룬 신학자라고 들었다. 직접 읽기도 전에 이 책에 대한 추천사들을 먼저 읽었다. 그런 추천사가 책을 읽게 한 동기가 된 것은 맞다.

어떤 책을 읽으려고 집어드는 독자는 저마다 책에서 무언가를 기대한다. 이 책에서 내가 기대했던 바는 그가 남편과 아버지로서 살았던 이야기였던 것 같다. 하지만 이 책의 8할 이상(그냥 내 느낌이다)은 신학자인 그의 지적인 여정, 연구, 동료 교수, 우정 등이었다. 그 부분에 대해선 나는 거의 관심이 없었기에 지겨울 정도로 이어지는 많은 신학 교수의 이름과 그들의 저작과 수많은 신학적 논쟁 등은 거의 읽지 않고 지나갔다. 그래서 나는 실패했다. (이 책의 부제가 원래 '신학적 회고록'이었는데 여러 의견을 종합하여 '신학자의 회고록'으로 붙였다고 한다. 나는 '신학적 회고록'이 더 정직한 부제라고 생각한다.)

나는 저자의 글을 읽는 내내 아픈 아내 '앤'에게 감정이입이 되었다. 약간의 신경증적 증상을 갖고 있는 만성질환자인 내가 자꾸 앤의 입장에서 저자를 바라보게 되는 것은 어쩌면 당연한지도 모르겠다. 앤이 고립되고 외로운 사투를 벌이는 동안에도 스탠리는 사회적이고 학문적인 성취를 이루었고 우정을 통해 살 길을 얻었다. 물론 그게 저자의 잘못은 아니다. 아픈 아내와 살면서 남편의 인생도 같이 망가져야 한다는 말도 아니다. 다만 앤 때문에 과연 그가 잃은 것이 있는가 하는 생각이 들었다. 앤은 스탠리와 이혼한 후 결국 홀로 죽고 나중에 발견되었다.

중증 정신질환자 아내와 살면서 스탠리가 얼마나 미치고 팔짝 뛸 만한 일들을 겪었는지 많은 사례가 나와 있다. 그런데 그간의 힘든 결혼생활에 대한 보상처럼 스탠리는 이후에 너무나 매력적인 여성 '폴라'와 사랑에 빠지고 재혼을 한다. 스탠리에겐 해피 엔딩이다. 얄밉고도 부럽다.

그는 정직하기는 했다. "내가 앤과의 결혼생활에서 '벗어날' 길을 찾을 경우, 나의 일을 설득력 있게 만들어 주던 중대한 우위를 잃을까 봐 염려했다. 현대의 수많은 신학적 윤리학이 보여 주는 피상적 특성을 피하는 데 나의 고통이 필요한 것은 아닐까 하는 생각도 들었다"(340쪽). "내가 앤을 견딜 수 있었던 것은 다른 면에서 너무나 잘 살았기 때문이 아닐까 하는 생각이 가끔 든다"(342쪽). 본인의 말마따나 저자는 끝없는 에너지와 꿋꿋함으로 답이 없는 인생의 문제를 견딜 수 있었던 것 같다. 그런데 나는 바로 그런 면 때문에 앤이 스탠리를 싫어했을 것 같다. 저자나 이 책을 만든 출판사가 의도하지는 않았겠지만, 나는 책을 읽는 내내 직접 고통을 겪은 당사자인 앤의 입장에서 그의 목소리는 누가 대변해 주나 싶어 안쓰럽고 먹먹했다.

아픈 아내를 둔 신학자의 고뇌와 어려움을 다룬 책으로 이 책에 접근하면 나처럼 실패할 것이다. 그냥 그런 배경을 지닌 신학자의 회고록이다.

의료진

내게 처음 류마티스 관절염 진단을 내린 신촌세브란스병원 정형외과 의사 선생님. 이름도 얼굴도 기억나지 않는다. 그래도 그분의 태도는 기억이 난다. 열여덟 살 대학 1학년생이 보호자도 없이 혼자 와서 난치병 진단을 받는 게 딱해서였는지, 진심으로 나를 위하고 걱정해 준다는 느낌을 받았다. 이 병이 어떤 병인지 제대로 설명을 안 해 준 것이 아쉽긴 하지만, 만약 설명했더라도 내가 알아듣지 못했을 수 있다. 그 후로 나는 손가락으로 다 헤아릴 수 없이 많은 의료진을 만났다.

이후로 8년 동안 나는 내 병에 대해 전혀 몰랐다. 알려고도 하지 않았다. 내가 환자인 것을 받아들일 수 없었기에 아프지 않을 때와 비슷한 속도와 강도로 살았다. 어쩔 수 없이 병원에서 시간을 보내는 게 너무나 싫었다. 특히 의사를 만나기 위해 혼자 병원에서 기다려야 하는 시간은 지금도 싫다.

그때 나는 의사들이 대개 불친절하다고 느꼈다. 정확히, 내가 알아들을 수 있게 얘기해 주지는 않고 또다시 검사, 검사만 되풀이했다. 그러고서는 꾸준히 치료하고 약을 쓰는 수밖에 없다고 했다. 의사들의 말은 너무나 식상했다. 한약을 먹는다고 혼낸 의사도 있었다. 지푸라기라도 잡는 심정을 의사들은 몰라줬다. 그래서 병원에 잘 가지 않았고 치료를 등한시했다. 통증은 더욱 심해졌고, 관절의 변형도 많이 생겼다.

서울아산병원의 유빈 선생님을 만난 후 많은 게 달라졌다. 처음으로 류마티스 관절염이 어떤 질환인지 차근차근 차분히 설명해 주신 분이다. 나는 지적으로 정서적으로 내 병을 이해하고 받아들였다. 그분이 처음 처방해 주신 메트로트

렉세이트(MTX, 면역억제제)가 효과를 발휘했다. 내가 남편의 유학으로 미국에 가야 한다고 했을 때 그분은 진심으로 걱정해 주셨다. 미국에서 보험 없이 치료받기 어려울 텐데 하시며, 꼭 류마티스 전문의를 만나라고 조언하셨다. 왜 그리 염려하셨는지는 처방 받아 가져간 3개월 치 약이 떨어졌을 때 비로소 실감했다.

남편이 유학한 학교의 건강보험으로는 내가 병원에 갈 수 없었다. 지금은 사정이 조금 달라졌다지만, 이미 질환을 앓고 있는 환자에게는 유학생 보험이 적용되지 않는다고 했다. 약은 점점 떨어져 가고, 새로운 곳에 적응하느라 나는 많이 아팠다. 결국 집에서 가장 가까운 류마티스 전문의를 찾아가서 우리 사정을 이야기했다. 우리가 딱해 보였는지 한심해 보였는지는 모르겠으나, 착한 인도계 미국인이던 의사 선생님은 낮은 한숨을 내쉬며 매회 50달러에 진료 및 처방을 내주겠노라 하셨다. 너무 기뻤다. 가난한 유학생 부부에게 그분은 선한 사마리아인이었다. 하지만 그 돈으로 혈액검사는 받지 못했다. 그분이 처방해 주신 가장 최소한의 약으로 4년을 버텼지만 내 고관절은 완전히 망가졌다. 돈이 없는 만성질환자는 미국에 살면 안 된다는 큰 교훈을 얻었다.

남편의 유학을 마치고 우리는 한국으로 돌아왔다. 나는 마음 편하게 류마티스내과에 다닐 수 있었다. 망가진 고관절을 인공관절로 치환하는 수술을 받았다. 그 후 몇 명의 의사 선생님을 더 만났다. 그중에 내가 지금까지 만나고 있는 서울성모병원 주지현 선생님과는 날짜를 헤아려 보니 17년을 함께했다! 나도 이번에 알고 깜짝 놀랐다. 내 삶에서 이렇게 꾸준히, 오랫동안 만나 온 사람이 또 있을까 싶다.

2023년은 무척 힘들게 보냈다. 4월에 A형 독감을 시작으로 대상포진까지 겹쳤다. 몸과 마음이 너덜너덜해진 시간이었다. 처음에 찾아간 동네에 있는 작은 의원 의사 선생님은 친절하게 최선을 다해 주셨다. 하지만 내가 차도가 없자 당신은 더 이상 해 줄 수 있는 게 없으니 성모병원으로 가라고 했다(이 선생님은 내 병력을 어느 정도 알고 계신다). 그리하여 아픈 지 한 달 반 만에 주지현 선생님을 만날 수 있었다. 선생님이 학회에 가 계신 바람에 진료 날짜가 더 늦어지기도 했다.

차례가 되자 진료실 문을 열고 들어가서 "선생님"하고 불렀다. "안녕하세요"라는 말도 꺼내지 못했는데 울컥하면서 이내 통곡이 터져 나왔다. 나도 예상하지 못하고 의도하지 않은 울음이었다. 최근에 이렇게 울어 본 적이 없었는데 말이다.

2006년부터 선생님을 만나 왔는데 선생님 앞에서 이런 모습을 보인 것은 처음이었다. 아무리 아파도 무너져 내리는 모습을 보인 적이 없었다. 선생님은 어쩔 줄 몰라 하며 나를 위로하기 시작하셨다. 나는 이렇게 말했다. "동네 병원에선 상급 병원으로 가라고 하고, (꺼이꺼이) 선생님이 학회 가셔

서 안 계신 동안 만난 다른 류마티스 전문의는 제게 전혀 공
감해 주지도 않고, (엉엉) 그러면 나 같은 환자는 어디로 가야
하나요? (끅끅)"

선생님이 학회에 간 게 잘못도 아닌데 내가 말도 안 되
는 투정을 부린 것이다. 선생님은 나의 이런 연약한 모습을
처음 보셨다. 몇 개월 후 대상포진 통증도 많이 잡혔고 나도
선생님도 마음에 여유가 생겼다. 선생님은 내게 이렇게 약속
하셨다. "저 이제 학회 안 가요. 어쩔 수 없이 가게 되면 제가
김경아 씨 데리고 갈 거예요! 하하하!" 우리는 같이 깔깔대
고 웃었다. 의사 앞에서 꺼이꺼이 울 수 있는 나는 참 운이 좋
은 환자다.

2023년 말부터 지금(2024년 말)까지 나는 또 다른 자가
면역질환이 생기면서 힘겨운 시간을 보내고 있다. 언제 끝날
지, 끝이 있기는 한 것인지 절망감에서 헤어 나오지 못하고
있다. 이 모든 여정에 주지현 선생님이 함께해 주신다. 그래
서 덜 외롭다. 감사와 존경의 마음을 담아 나는 주 선생님을
인터뷰 해 보고 싶었고 성공했다! 인터뷰는 아주 화기애애
한 분위기에서 진행되었다. 그 내용을 책 뒤쪽 부록에 정리
해 수록했다.

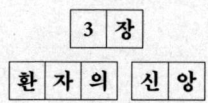

3 장
환 자 의 신 앙

"오늘도 고난과 함께 사는 법을 배우고 있다"

왜 나에게 이런 병이 생겼을까? 어떤 일이 생길 때마다 내 잘못을 먼저 뒤져 보는 습관대로 나는 스스로 검사가 되어 나를 기소한다. '너무 무리했나?' 일정 부분 사실이다. 하지만 그렇다고 모든 사람이 병에 걸리는 것은 아니다. 누군가 말했듯이 '내 성격이 까다롭고 예민해서인가?' 스트레스를 해소하는 능력이 현저히 떨어지는 것은 인정! '내가 깨닫지 못한 죄가 있나? 숨기고 고백하지 않은 죄가 있나?' 만인이 다아는 끔찍한 죄를 짓고도 건강하게 잘 사는 사람들도 많은데 그럼 그것은 어떻게 설명할 수 있을까? 죄와 병을 바로 연결하는 게 과연 정당한가 하는 의문이 든다.

어느 아침, 그날도 어김없이 통증으로 쩔쩔매며 학교에 도착했다. 수업에 들어가기 전에 동아리방(선교단체)에서 쉬어 갈 참이었다. 통증을 참느라 인상을 써서인지 한 선배가 이렇게 지적했다. "경아, 너 오늘 큐티(QT) 안 했지?" '내 몸이 아픈 건 말씀 묵상을 하지 않아서인가?' 나 스스로, 그리고 가족과 친구들이 내가 병에 걸린 원인에 대해 가장 먼저 내게 책임을 물었다. 욥의 친구 같은 이들이 도처에 널렸다. 이유를 알 수 없고 설명할 수 없는 고통이 존재하는 게 인생이건만, 이유를 찾는 데 에너지를 소비하느라 더 고단했다.

여든이 넘은 엄마는 지금도 이런 말씀을 하신다. "내가 너 가졌을 때 제대로 못 먹었어. 위로 애는 둘이나 있지, 먹을 건 없지. 그때 내가 잘 먹지 못해서 네가 아픈 게 아닌가 싶다." 내 맘이 뾰족할 때 엄마가 이런 얘기를 하면, "그건 모르겠고, 어렸을 때 엄마하고 아빠하고 하도 싸워서 그걸 보며 자란 게 건강에 악영향을 끼쳤을 게 분명해"라고 맞받아친다. 돌아서면 금세 후회할 그런 말을.

✦　✦

처음 류마티스 관절염 진단을 받고 나서 하나님을 향한 나의 첫 번째 질문은 "왜 나한테 이런 일이 일어났나요?"였다. 지금이야 "왜 너라면 안 된다고 생각하니?"라고 내게 다시 반문하겠지만, 그때는 어렸다. "왜 나인가요?"는 나만 고민한 질문이 아니라 몇 천 년 전 성경 속 위인들도 했던 질문이니 새삼스러울 것은 없었다.

신앙인이라면 누구나 그러하듯, 나는 하나님께서 이 병을 고쳐 주시길 간절히 기도했다. 가족과 교회, 선교단체 친구들까지 다 나를 위해 기도했다. 내 기도는 안 들으셔도 신실한 다른 이들의 기도는 들으시지 않을까 싶어 기도 부탁을 했다. 청년부에, 소그룹에, 나를 아끼는 많은 이들에게. 매번 기도 제목을 내놓고 합심해서 기도했건만 응답은 오지 않았다. 성경에 숱하게 등장하는, 고치고 살리시는 기적이 내게는 일어나지 않았다. 응답받지 못하는 기도이지만 그것밖에는 할 수 있는 게 없었다. 내 통증은 오히려 더욱더 심해졌고, 언제인가부터는 기도 제목을 내놓는 것조차 민망해졌다.

　　육체의 통증보다 더 괴로웠던 것은 '이 고통이 과연 무슨 의미가 있을까?' 하는 허무함이었다. 참고 기다리면 정말 "쨍하고 해 뜰 날"이 오는 것일까? 아무 의미가 없다면 사는 게 무슨 소용인가 싶어 살아 있는 게 괴롭기만 했다. "사랑의 하나님", "선한 목자 되신 우리 주" 같은 신앙적 표현마다 '과연 그런가?' 하는 의심이 들었다. 그러다가 결국에는 그동안의 내 신앙은 내가 원하는 바를 이루어 달라는 기복 신앙에 불과했음을 깨달았다. 그 후로 하나님을 믿는다는 게 무슨 뜻인지, 하나님과 나의 관계는 어떤 상태인지 진지하게 질문하기 시작했다. 병은 내 삶과 마음을 뿌리부터 갈아엎었다.

　　한번은 엄마가 간절히 원해서 치유 집회를 한다는 기도원에 따라갔다. 엄마와 아빠, 그리고 부모님이 출석하는 교회 분들과 동행했다. 녹번동 산꼭대기에 있는 기도원이었다. 그날도 나는 통증이 심해서 바닥에 앉아 있는 것 자체가 고통스러웠다. 치유 집회에 참여한 사람들은 인도자의 진행에 따라 손뼉을 치며 큰 목소리로 찬송가를 불렀다. "성령이여 임하사 우리 영의 소원을 만족하게 하소서. 기다리는 우리게 불로, 불로 충만하게 하소서." 나는 손이 아파서 손뼉을 칠 수가 없었다. 너무 아프니까 하나님이 내 영의 소원을 만족하게 하실 수 있다는 기대도 없었다.

집회를 인도하는 사람을 부흥사라 했다. 분위기에 편승하지 않는 내가 보기 싫었는지 그는 내게 손가락질을 하면서 이렇게 말했다. "이곳에 마귀가 있다!" 옆에 앉아 있던 엄마가 "애가 많이 아파서 그러니 이해해 주세요"라며 빌었다. 그때 자리를 박차고 나왔어야 했다.

설교가 끝나고 그는 본격적으로 참석자들에게 안수하기 시작했다. 사실 나는 그의 안수를 받고 싶지 않았는데 엄마가 그의 바짓가랑이를 붙잡았다. 애가 많이 아프다, 애한테 안수해 달라고. 엄마의 부탁 때문인지 그는 내 머리에 손을 얹고 병마와 싸워 이겨야 한다며 축사했다. 병은 마귀가 하는 짓이니 내게서 귀신을 쫓아내 달라고 기도했다. 그때 자리를 박차고 나왔어야 했다.

그는 내게 방언할 수 있냐고 물었다. 나는 못한다고 했다. 그랬더니 내게 '코카콜라'를 반복해서 말하라고 했다. 늦었지만 이때라도 자리를 박차고 나왔어야 했다. 병이 낫는 것과 방언을 할 수 있는 것과 무슨 상관인지도 모르겠지만 왜 코카콜라를 반복해야 하는지 여전히 모르겠다. 실소가 나왔고 빨리 그 자리를 뜨고 싶었지만 엄마와 아빠, 동행한 분들은 그 부흥사에게 절대적으로 매달리고 있었다. 어쩌면 이런 부흥사에게라도 의지하고 싶은 간절함이 내게 없어서 병이 낫지 않는 것일지도 모른다고 생각했다.

✦ ✦

양약도 한약도 어떤 의사도 나를 도와주지 못한 채 대학 졸업반이 되었다. 아빠가 교회 분을 통해 '신유의 은사'(기도로 병을 고치는 신비한 은사)가 있다는 분을 알게 되었다 했다. 예전 같으면 콧방귀를 뀌었겠지만, 이번에는 내가 그분을 만나보고 싶었다. 내게 남은 마지막 방법은 이것뿐이라는 생각이 들었다. 여름방학이 되어 내 발로 그분을 찾아갔다. 그분은 작은 체구에 하얀 한복을 입고 쪽을 진, 연세가 많은 권사님이었다. 미아리고개에 자리 잡은 '은혜제단'에는 사람들이 빼곡히 모여 있었다. 슬쩍 보기에도 위중한 병자도 있었다. 무슨 병으로 무슨 사연으로 거기에 와 있는지 아무도 묻거나 따지지 않았다.

권사님이 예배를 진행하고 말씀도 전하셨다. 주로 병 고침을 바라는 찬송가를 불렀고 믿음과 확신을 격려하는 찬송도 불렀다. 이번에는 나도 마음을 다해 불렀다. 말씀은 대부분 예수님이 병자를 고치신 이야기였다. 그 작은 체구에서 어떻게 그런 쩌렁쩌렁한 소리가 나오는지 신기할 따름이었다.

예배를 마친 후 권사님이 바닥에 하얀 요를 까셨다. 바야흐로 안수가 시작되었다. 원하는 사람은 누구나 안수를 받을 수 있었다. 이전에 나는 머리에 안수하는 것만 보았었는데, 환자로 추정되는 사람이 눕자 권사님은 우리말과 방언으로 기도하며 환자의 몸을 만지셨다. 몸을 만질 때마다 사람들이 소리를 질렀다. 너무 아프다며 우는 사람도 있었다. 조용히 관찰하던 나를 권사님이 지목하셨다. 거기 모인 사람 중에 내가 가장 어려 보여서 그랬는지 모르지만, 그날은 관찰만 하고 돌아가려 했는데 엉겁결에 불려 나갔다. 권사님은 큰 목소리로 방언을 하며 내 몸을 만지셨다. 진짜 아팠다. 칼로 찌르듯이 아팠다. 윽윽 하며 통증을 견뎠다. 몇 분간의 안수 기도가 끝나자 내 자리로 돌아와 앉았다.

권사님이 말씀하셨다. "여기 오신 여러분, 병원 다니며 치료 받고 약 먹는 분 많을 겁니다. 여러분 마음에 원함이 있거든 약 끊고 기도 받으세요." 약을 끊으라니! 그때 먹는 약들이 내 통증을 잡아 주지는 못했으나 약까지 끊으면 나는 죽은 목숨이나 다름없을 텐데……. 걱정이 앞섰다. 하지만 권사님의 그 말은 꼭 나 들으라고 하는 말씀 같았다. 그 말씀에 따르고 싶었다. 내가 그러길 바랐다.

약을 끊은 다음 날, 내가 여태 겪어 보지 못한 더 깊은 통증이 남아 있다는 것을 알았다. 너무 아파서 죽을 것만 같았다. 엄마는 울면서 병원에 가자고 나를 설득했지만, 나는 병원 대신 은혜제단에 가기로 선택했다.

권사님은 나보다 훨씬 키가 작고 비쩍 말라서 힘으로 나를 제압하기란 어려워 보였다. 그런 권사님이 손을 대는 곳마다 시퍼렇게 멍이 들었다. 더 아프고 더 진한 멍이 든 곳은 그만큼 몸에서 더 안 좋은 부위라고 했다. 은혜제단에서 권사님의 기도를 받으며 아파서도 울었지만 그간 내가 고생한 게 서러워서도 울었다. 나아질 것 같지 않은 현실과 보이지 않는 미래가 막막해서 통곡했다.

그렇게 여름방학 두 달을 은혜제단을 오가며 보냈다. 그러는 사이 내 몸무게는 40킬로그램 아래로 떨어졌다. 권사님의 말을 듣고 약을 끊은 채 은혜제단에 가던 첫날은 걸음도 제대로 걷지 못했다. 우리 집에서 그곳까지는 거리가 아주 멀었는데, 늘 택시를 이용할 수는 없어서 걷고 버스를 두 번 갈아타고 또 걸어서 갔다. 그런데 점점 다니기가 수월해졌다. 가다 서다를 반복하며 느릿느릿 걷던 걸음걸이에 속도가 붙었다. 느리지만 조금씩 나는 약 없이 일상을 살아가고 있었다. 여전히 기운이 없고 체력이 약하고 비틀거렸지만 약에 의존하지 않을 수 있다는 것만으로도 기쁘고 감사했다. 그렇게 해서 나는 환자 타이틀을 벗어던질 수 있으리라 믿었다.

그분이 하시는 일을 드러나게 하시려는 것

요한복음 9장에 보면, 나면서부터 눈먼 사람을 두고 예수님과 제자들이 대화를 나눈다. 제자들이 예수님께 묻는다. "선생님, 이 사람이 눈먼 사람으로 태어난 것이, 누구의 죄 때문입니까? 이 사람의 죄입니까? 부모의 죄입니까?"

나도 제자들처럼 예수님께 질문한다. "예수님, 내가 35년 넘게 아픈 것은 누구의 잘못인가요? 내 잘못인가요? 부모를 잘못 만난 죄인가요?" 예수님은 이렇게 답하신다. "이 사람이나 그의 부모가 죄를 지은 것이 아니다. 하나님께서 하시는 일을 그에게서 드러나게 하시려는 것이다." 예수님의 이 발언은, 우리가 겪는 고난과 불행과 질병의 원인을 당사자의 죄에서 찾으려고 한 당시 유대인들에게 일침을 놓은 것이다. 그런 다음 예수님은 진흙을 개어 그의 눈에 바르셨고 마침내 그는 광명을 얻었다. 하나님이 하시는 일이 그에게서 명백히 드러났다! 그에게는 아주 잘 되었고 엄청 기쁜 일이었다. 예수님이 직접 손을 대셔서 그가 그토록 바라던 바를 이루어 주셨으니 말이다.

그와는 달리 나는 낫지 않았다. 낫지 않는다. 오히려 병이 추가되고 심해지는 상황인데, 과연 하나님이 하시는 일을 내게서 드러내고 계신 것일까? 내가 가진 병들은 '완치'되지 않는다. '관해'(일시적으로 증상이 감소한 상태)는 가능하다. 나

역시 관해와 재발을 반복하며 살았다. 앞을 못 보던 사람이 보게 되는 것만 하나님이 하시는 일을 그에게서 드러나게 하시는 것일까?

그냥 "모든 피조물이 오늘날까지 다 함께 신음하며 진통을 겪고 있다"(로마서 8:22)고 생각하는 편이 내겐 훨씬 합리적으로 보인다. 예수를 믿는다고 해서 신음하는 데서 놓이지 않을뿐더러 그리스도인 역시 생로병사의 희로애락에서 자유로울 수 없지 않은가. 해결되지 않는 인생의 짐을 진 채로도 하나님이 하시는 일을 드러내는 사례도 얼마든지 있다. 그래서 내 병이 완치되지 않아도 하나님은 나를 통해 당신이 하시고자 하는 일을 이루시리라 믿는다.

> 삶에 걸었던 순진한 기대도 사라졌다.…… 삶은 예측할 수 없다. 무엇이 기대할 수 있는 평범한 일인지, 나는 이제 잘 모르겠다. 삶에 거는 순진한 기대를 잃었다는 것이 질병을 겪으며 얻은 수확으로 보일 날이 있을지도 모른다. 하지만 지금은 상실로 느껴진다.…… 아픈 사람이 애도하기로 택한 것에 의문을 제기해서는 안 된다. 상실은 실재하며 존중받아야 마땅하다. 『아픈 몸을 살다』, 66쪽

암에는 차도가 있을 뿐이지 완치란 없다는 사실을 떠올린다. 하지만 암이라는 질환의 생리학보다 더 중요한 것

은 암 경험이 미친 영향이다. 암을 앓고 난 후에는 예전에 있던 것으로 전혀 돌아가고 싶지 않았다. 변화의 기회를 그냥 흘려보내기엔 너무도 비싼 값을 치렀기 때문이다. 삶이라는 게임을 이전과 같은 조건으로 계속할 수는 없었다. 예전의 나를 회복하기보다는 앞으로 될 수 있는 나를 발견하고 싶었다. 그리고 글쓰기는 이 다른 나를 찾아가는 과정의 일부다. 회복이 질병의 이상적인 결말로 보는 견해에는 문제가 있다. 어떤 이들은 회복하지 못하기 때문이다.…… 답은 회복보다는 '새롭게 되기'에 초점을 맞추는 일인 듯싶다. 계속 아프다 해도, 심지어는 죽어간다 해도 질병 안에는 새롭게 될 기회가 담겨 있기 때문이다. 『아픈 몸을 살다』, 9쪽

물러나야 보인다

새나 벌레가 파먹은 과일은 유난히 맛있다. 맛있어서 새나 벌레가 꼬이는 줄 알았다. 그런데 그게 아니라 새나 벌레가 만든 상처 때문에 과일이 더 맛있어지는 것이라고 한다. 상처를 회복하기 위해 나무가 온 힘을 다해 뿌리로부터 양분을 끌어 올려 사용하기 때문에 그렇다는 것이다. 또한 식물이 꽃을 피우지 않거나 열매를 맺지 않으면 물을 주지 말라고 한다. 적당한 결핍이 있어야 오히려 잘 자란단다. 상처와 결

핍이 도리어 열매를 풍성하게 만든다는 식물 세계의 진리가 사람에게도 통할까?

오랫동안 나는 만성질환자인 내 상황을 적당한 결핍이 아닌, 해도 해도 너무한 결핍으로 여겼다. 하나님이 그 결핍을 제공 혹은 허용한 당사자인 것 같아서 상처를 받았다. 생각해 보건대, 어쩌면 나는 아프지 않았으면 급사했을지 모른다. 성취욕이 강하고 목표를 달성하느라 '노오력하는' 내 성향상 가능한 추정이다. 환자로 느리게 살다 보니 오히려 생명이 연장된 게 아닌가 싶다. 요즘도 나는 하루를 버티기 위해 밥을 먹듯 약을 먹는다.

> 아픈 사람은 자신이 취약하다는 사실을 받아들이면서 자기 의지를 전혀 행사하지 않아도 세계가 이미 완벽하다는 것을 인정한다. 그리고 이렇게 받아들이기 때문에 아픈 사람은 자유롭다.…… 건강을 꼭 필요로 하지는 않을 때, 오직 그때 우리는 자유로울 수 있다. **『아픈 몸을 살다』, 40쪽**

낮지 않는 질병, 그것도 통증과 동거하는 일상이 유쾌하지는 않다. 몸이 아픈 것은 내가 유한의 존재임을 일깨운다. 끝이 있는 유한한 인생에서 정말 중요한 것이 무엇인지, 나의 고통을 의미 있게 만들려면 나는 어떻게 살아야 하는지, 병은 나에게 많은 질문을 던진다. 지금 이 자리가 얼마나 소중한지 아플 때마다 깨닫는다.

> 많은 것을 잃겠지만 그만큼 기회가 올 겁니다. 관계들은 더 가까워지고 삶은 더 가슴 저미도록 깊어지고 가치는 더 명료해질 거예요. 당신에게는 이제 자신의 일부가 아니게 된 것들을 애도할 자격이 있지만, 슬퍼만 하다가 당신이 앞으로 무엇이 될 수 있는지 느끼는 감각이 흐려져선 안 돼요. 당신은 위험한 기회에 올라탄 겁니다. 운명을 저주하지 말길, 다만 당신 앞에서 열리는 가능성을 보길 바랍니다. 『아픈 몸을 살다』, 17쪽

내 고통에 집중하던 자리에서 한걸음 물러나 주위를 둘러보니, 나만 아프고 힘든 게 아니었다. 다들 하나쯤 해결되지 않는 삶의 무게를 지고 깜깜한 밤길을 걷고 있었다. 내 짐이 덜 무거워 보이기도 했다. 누구에게나 시련과 어려움이 있다는 점에서 인간은 평등하다. 고통의 보편성이 우리를 하나로 엮어 준다. 인간에 대한 연민이 여기서 나온다. 하나님이 내게 기대하신 열매는 상처 입고 결핍 있는 사람을 끌어안으라는 것 아니었을까.

그동안 이사를 참 많이 다녔다. 적응하는 데 시간이 오래 걸리는 나는 옮겨 다니는 게 싫었다. 그런데 신기하게도

가는 곳마다 친구들이 생겼다. 그들은 내 말에 귀 기울여 주었고, 내 등을 쓰다듬어 주었고, 맛있는 것을 먹여 주었고, 나를 위해 기도해 주었다. 엘리야에게 까마귀를 보내어 아침저녁으로 먹이신 것처럼, 하나님은 지치지 않고 내게 까마귀를 보내 주셨다. 내가 삶의 모든 조각을 끌어안을 수 있었던 것은 전적으로 이들이 베푼 인내와 온유와 사랑 덕분이다. 이런 사람들을 만난 건 아무나 받는 복이 아님을 알았다. 값없이 받은 복이니 나도 누군가에게 '까마귀'가 되어 주리라 마음먹는다.

2017년 1월 6일 이재영 선생님의 『오두막』. 작년 6월에 나온 책인데 이제야 읽었다. 손에서 놓기 아까울 정도로 흠뻑 빠져든 책이다. 30여 년간 출소자들과 더불어 살다가 2006년에 경남 합천에서 오두막 공동체를 꾸린 이재영 선생님의 글이다. 출소자뿐 아니라 가장 낮고 느린 다양한 사람들이 한 몸을 이루어 살기까지 여러 우여곡절이 생생하게 그려져 있다.

　지난 몇 년 동안 나는 아무것도 실천하지 않으면서 비판의 날을 세우는 데 익숙해져 버렸다. 이재영 선생님의 지혜가 듬뿍 담긴 이 책은 날카로워진 내 심령을 순하게 만들어 주었다. 인생에서 무엇이 중한지, 핵심에 집중하게 만드는 책이다. 복잡하게 엉키고 꼬여 있던 머리가 단순해진 느낌이다. 무엇이든 하나라도 집중해서 실천해 보자는 착한 마음이 들게 해 준 책이다. 사는 게 너무 어렵다고 느끼는 분들에게 추천하고 싶다.

- '너는 이 상황에서 어떻게 할 것이냐?' 신앙이란 자신이 직면한 상황을 예수님의 질문으로 여기고 사는 것이다. 이러한 물음 앞에서 하나님의 뜻을 구하고, 그분께서 알려 주신 뜻대로 실천한다면 하나님의 인도하심을 경험하게 된다. (100쪽)
- 공동체의 하루는 지극히 평범하다. 그저 먹고 자고 싸고 일하고 쉬는 일상의 반복이다.…… 사람은 별수 없이 일상을 산다. 지루하고 따분한 일상이 어느 누구에게나 공평하게 인생의 대부분을 차지한다는 사실을 누군가는 불행으로, 또 다른 누군가는 다행으로 여길 수 있다. (145쪽)
- 열 길 물 속은 알아도 한 길 사람 속은 모른다고 했다. 내 마음속에는 나도 모르는 속마음이 있다. 그 속마음이야말로 그리스도의 복음이 전해져야 하는 미전도 지역이며 내 속마음이야말로 그리스도의 가르침으로 제자 삼아야 할 미전도 종족이다. (202쪽)
- 누군가를 사랑하고자 한다면 상대방이 아니라 자기 자신부터 변해야 한다. 성령님은 내 안에서 바로 그

일을 시작하셨다. (205쪽)

• 성경 말씀 사이에도 긴장이 있다……. 그 긴장은 주
  님이 우리에게 주시는 기회이자 제3의 길을 창조해
  보라는 권유다. 말씀을 붙들고 씨름한 만큼만 믿음은
  활력이 생긴다. 씨름을 거치지 않고 말씀만 듣는다
  면, 말씀은 심리적 안정감을 위한 진통제처럼 소비되
  고 만다. 그런 믿음에는 생기가 없다. (234쪽)

2017년 5월 31일 이명수 선생님의 『내 마음이 지옥일 때』
를 선물 받아 읽었다. '옳다', '괜찮다', '그것으로 충분하
다' 등의 단어를 남발(?)하는 책이라서 한편으로는 위안
도 되고 한편으로는 불안하기도 했다. 저자 말마따나 내
가 사회적·종교적으로 억압받고 죄책감을 기본값으로
달고 살아서 그런 것인지도 모르겠다. 훌륭하고 좋은 시
와 저자의 해석이 어우러져, '그래, 다시 한 번 힘을 내볼
까?' 하는 마음이 불끈 솟게 만드는 문장들로 빼곡하다.

• 늘 같은 고통에 빠져 있을 때 내 고통만큼 혹은 그보다
  더한 고통을 겪고 있는 사람을 만나면 안도하게 된다.
  '저런 사람들도 사는데 그나마 내가 낫구나'라는 관망
  하는 듯한 우월감 때문이 아니다. 깜깜한 밤길을 홀로
  걸을 때 강아지라도 한 마리 있으면 덜 무섭다는 동반

효과 차원의 문제도 아니다. '나만 그런 게 아니구나' 라는 내 고통의 '보편성'을 깨달아서 그렇다. (226쪽)

- '나만 그런 게 아니었구나'라는 깨달음, 내 고통의 보편성에 대한 자각은 자신의 문제를 객관적으로 바라보는 시각을 갖게 한다는 면에서 강력한 치유적 효과를 발휘한다. 그때부터 자기 고통을 치유하는 일에서 자기 통제력을 갖기 시작한다. (228쪽)

- 나만 그런 게 아니구나를 확인한다는 말은, 자기 고통을 현미경으로 쳐다보며 몰입을 거듭해 왔던 시각에서 이제부턴 망원경으로 고통받는 나 자신을 멀리서도 동시에 바라본다는 뜻이기도 하다. 내 고통의 두 가지 측면을 함께 볼 수 있으면 내 고통의 실체에 대해 더 입체적으로 더 정확하게 알게 된다. 그럴 때 내 고통을 해결하는 주도권이나 해결의 전망을 더 또렷하게 가질 수 있는 것이 당연하다. (229쪽)

허다한 작은 조각을 이어 붙여

2019년 7월, 큰딸이 결혼했다. 이런 날이 올 때 주려고 준비해 둔 게 있었다. 바로 퀼트 이불이다. 나는 그동안 세 딸을 위해 이불을 지었다. 아이들이 어릴 때는 작은 이불을 만들었다. 아장아장 걷기 시작했을 때부터 세 아이는 각자 자기 이

불을 집 안 여기저기 끌고 다니기도 하고, 끌어안고 잠이 들기도 하고, 여행 갈 때 가지고 다니기도 했다. 아이들이 커서는 어른 한 명이 덮고도 족히 남을 만한 큰 이불을 세 채 만들어 두었다. 사위와 함께 큰딸이 우리 집을 떠나던 날, 나는 큰애가 쓰던 작은 이불과 새로 만든 큰 이불을 챙겨 보냈다.

이 아이가 세 살이었을 때 우리 가족은 남편의 유학으로 미국에 갔다. 낯선 땅에서 적응하느라 긴장했던 몇 개월이 지나자 몸과 마음이 아프기 시작했다. 유학생의 아내로 사는 일은 외로웠고, 나를 잘 아는 가족과 친구들이 그리웠다. 그런 나를 긍휼한 마음으로 환대해 준 미국인 친구가 있었다. 손재주가 많은 그이는 식탁보와 이부자리, 심지어 카펫까지 손으로 만들어 집 안을 꾸몄다. 그가 만든 작품 하나하나에 깃든 아름다움은 물론이고 그 작품에 쏟은 시간과 정성, 집중과 인내에 나는 완전히 매료되었다. 특히 작은 천 조각을 이어 붙여서 만든 퀼트 작품은 걸작이었다.

내가 탄성을 자아내자 그이는 오래되어 보이는 퀼트 이불을 한 채 꺼내 왔다. 그리고 이불에 들어가 있는 천 조각들에 얽힌 사연을 이야기해 주었다. 어떤 조각은 남편이 결혼 전에 입던, 더는 낡아서 못 입게 된 와이셔츠에서 잘라 낸 것이고, 어떤 조각은 큰아들이 입던 잠옷에서 잘라 낸 것이라고 했다. 둘째 아들이 처음 입었던 운동복, 그 아이가 결혼 전에 입었던 청바지 조각도 한 부분을 차지했다. 조각들을 바라보는 표정과 이불을 어루만지는 손길에서 그이가 얼마나 자기 삶에 충실했고 가족을 사랑했는지 느낄 수 있었다. 그 이불을 보고 나니 나도 바느질이 하고 싶어졌다. 그이는 반색하며 기꺼이 바느질 선생이 되어 주겠다고 했고, 자기가 모아 둔 천을 내 품에 한아름 안겨 주었다. 덕분에 나는 중학교 시절 가사 시간 이후 처음으로 바느질로 무언가를 만들기 시작했다.

조각을 이어 붙이기만 한다고 해서 작품이 되는 것은 아니다. 가장 먼저, 전체 밑그림이 필요하다. 전체가 없는 조각은 의미가 없고 버려져도 아깝지 않을 천 쪼가리에 불과하다. 그다음은 천을 조각조각 꼼꼼하게 마름질한다. 이제부터는 끈기와 인내의 싸움이다. 젖먹이 손바닥 같은 조각들을 이리 붙이고 저리 덧대어 한 땀 한 땀 공력을 들인다. 그러다 보면 치밀어 오르던 울화가 어느새 수그러든다. 잔소리하고 싶어 근질거리던 입도 잠잠해진다. 바느질은 내게 묵상이요 기도이며 고요한 반추의 시간이었다. 나는 허다한 작은 조각을 이어 붙이면서 타향살이의 헛헛함을 달래고 지루함을 견뎌 냈다. 이렇게 해서 세 아이에게 남겨 줄 이불이 탄생했다.

살아간다는 것은 어쩌면 퀼트 이불을 만들듯이 달고 쓴 여러 경험을 사랑으로 엮는 작업일지 모른다. 사람들은 무엇이든 선택할 수 있고 선택할 수 있어야 한다고 말한다. '선택'이 중요한 시대가 된 것이다. 하지만 선택할 수 없는 삶의 조각이 얼마나 많은가! 아무리 그럴듯한 조각을 선택한다 해도 내 인생의 바탕이 워낙 밝지 못해서 우중충해 보이면 어떡하나 마음을 졸이기도 했다. 달콤한 경험은 아름다운 천 조각과 같아서 마음에 쏙 들었다. 마음에 안 드는 천 조각이야 뜯어내고 다른 천을 갖다 붙이면 되겠지만, 과거가 되어 버린 후 줄근한 인생의 한 조각은 바꿀 수가 없어서 씁쓸하기만 했다. 또 가끔 바늘처럼 뾰족해져서는 사랑하는 사람들의 마음에 생채기를 내기도 했다. 인생의 밑그림을 보는 눈이 없으니 쓰디쓴 삶의 조각들을 어떻게 배치해야 할지 몰라 방황도 했다. 사랑으로 엮어서 매만진다면 내 삶의 조각들도 작품으로 남을 수 있을까? 나는 의심하면서 자주, 오래 서성거렸다.

　　마지막 한 땀을 뜨고 바느질을 마치고 나면 행하는 의식이 있다. 바로 대여섯 걸음쯤 물러나서 완성품을 물끄러미 바라보는 일이다. 그렇게 하면 바느질할 때와는 다르게 전체가 보인다. 꼼꼼하고 세심하게 마름질을 하고 바느질을 했음에도 아귀가 맞지 않는 부분이 있다. 가까이서 보면 이런 흠이 눈에 거슬리지만 멀리서는 눈에 잘 띄지 않아서 마음이 편해진다. 신중하게 배열한 천이 서로 어울리는지도 멀리서 봐야만 알 수 있다. 마땅한 천이 없어서 적당히 끼워 넣은 것인데 멀리서 보면 아주 훌륭하게 섞여 있는 것을 발견하기도 한다. 다른 천과 결이 달라 걱정했던 조각도 멀리서 보니 외려 돋보인다. 멀리서 볼 때 이전과는 다른 애착이 생긴다.

내가 만든 이불의 한 조각처럼, 지금 내가 하는 선택들은 반드시 내 삶의 한 부분이 될 것이다. 함부로 아무 색깔이나 대충 모양을 잘라 써서는 안 되겠지만, 그렇다고 실패한 것처럼 보이는 삶의 조각들도 내칠 것만은 아니라는 걸 이제는 알겠다. 그 조각을 멀리서 볼 수만 있다면, 그 조각 덕분에 오히려 삶이 빛날 수도 있을 테니까. "합력하여 선을 이룬다"는 고백이 이럴 때 나오는 것이리라. 사람도 좀 멀리서 볼 필요가 있지 않나 싶다. 나이가 든다는 것, 늙는다는 것은 바로 멀리서 전체를 보는 안목이 생기는 것이 아닐까.

1989년 11월 12일 지난 금요일 동아리방에서 아프다는 애길 했더니 한 오빠가 "요즘 말씀 안 보나 봐?"라고 한 말에 화를 내고 눈물이 핑 돌았는데, 그게 사실인가 보다. 아픈 것 때문에 마음이 약해진 것인지, 말씀과 기도가 없어서 아픈 것인지. 서로 필요충분조건이겠지. 계속 아프니까 힘이 없고, 오히려 조금 나았다가 아파지니 견디기가 더 어려운 것 같다.

1989년 12월 10일 내가 아프다는 사실에 너무나 화가 났고 그래서 눈물이 핑 돌았다. 미래가 없다는 불안감 때문에 우울했고 침체됐다. 건강도 하나님이 주신 은혜라면 그럼 나는 은혜 받지 못한 사람인가.

1989년 12월 30일 뭐라고 내 상태를 표현할 수가 없다. 죽고 싶고, 소망이나 단 한 가지 일말의 사랑도 없다.

1990년 1월 16일 아침 10시 반에 이곳 경희의료원에 와서 여태껏 이러고 앉아 있다. 정형외과에서 성형외과로, 다시 치과병원 구강외과로 왔다 갔다 하면서 쓴 돈은 그렇다 치고, 이곳저곳에서 내 병이 자꾸 되풀이되는 것이 싫었다. 결론은 류마티스 관절염이 턱관절에까지 영향을 끼쳐 약으로 치료하다가 안 되면 수술을 해야 한다고 한다. 그다지 큰 문제는 아니다. 예상했던 것이고, 이럴 수도 있는 것이다. 그럼에도 너무 기분이 우울하다. 내가 슬픈 건 내게 믿음이 없다는 것. 나을 것도, 하나님이 고치실 것도, 그렇지 않을지라도 하나님이 내 삶을 인도해 주실 것이라는 믿음도. 그것이 감정 상태에 영향을 주는 것인지, 아니면 감정이 믿음을 흐리게 하는 것인지. 어찌 되었건 별로 유쾌하지는 않다.

1991년 12월 31일 (기적적으로 건강을 회복한 때) 7월이 되면서 내 병에 대한 하나님의 고치심이 시작되었고 그분의 손길에 맡기는 믿음으로 자리에 누웠다. 눈물로 지새운 8월, 한 달 만에 몸무게가 무려 8킬로그램이나 빠지는 고통 속에 서서히 몸이 좋아져서 회복된 몸으로 4학년 2학기를 시작할 수 있게 되었다. 은혜제단과 학교를 오가며 정상적이 되어 갔던 9월, 병과 교제―오빠와의 교제―에 대한 기막힌 응답의 진전. 10월부터는 뛰기도 하고 족구도 하고. 확실히 경험한 '예수'로 인해 모든 것을 다 얻었다. 인생을 사는 데 중요한 것, 건강, 가치관, 배우자, 직업까지 모두 얻은 셈이다. 이처럼 기막힌 1년을 보낼 수 있을까 싶을 정도로 놀라운 1년. 결코 잊어서는 안 될 시간.

1996년 12월 5일 아픈 것으로 시작해 여태까지 햇수로 10년째. 내 삶을 다시 떠올려 보며 하나님의 무한한 돌보심과 은혜를 깨닫고 있다.

내 죄악대로 처리하지 않으시고 잊어 주신 분.

절망의 구덩이를 겪게 하시되 꼭 꺼내어 안아 주신 분.

그 상처도 유익이 되게 사용하시는 분.

내 마음을 바꾸시는 분.

억지로 강요하지 않으시고 내 순종을 기다리시는 분.

내가 자유하길 바라시는 분.

내 잠재의식의 평안을 원하시는 분.

내가 온전히 기뻐하길 즐거워하시는 분.

꿈을 주시고 그 꿈을 위해 날 깨끗게 하시는 분.

이해할 수 없는 분.

이해할 수 없지만 감사드리기에 합당한 분.

악했던 시작을 허용하시는 분.

과정 속의 죄를 깨닫게 하시는 분.

결국은 내게 가장 선하게 일하시는 분.

삶을 그분께 드리기에 전혀 억울하지 않은 그분!

1997년 3월 31일 (남편의 미국 유학 초기) 약 3주 동안 몸이 안 좋은 상태로 지냈다. 무리하게 약을 줄여 먹은 게 아닌가 싶다. 무릎이 붓고 아프기 시작하더니 지난 주일 이후로 꼬빡 일주일을 앓았다. 서울에서 약이 도착하지 않아 삼사 일은 스테로이드제만으로 버텨야 했다. 그 고통을 꼬박 겪을 때면 정말 그만 살고 싶은 생각이 머리 끝부터 발끝까지 차오르지만, 이스라엘 백성이 애굽에서 고통 가운데 부르짖는 소리를 들으시고 권념하셨다는 하나님을 생각할 수 있었다. 내 고통에 대해 부르짖어야겠다는 강한 열망은 일단 약을 먹으면 통증이 진정되기 때문에·잊고 지내게 되기 쉽다. 창세기 39장 요셉의 형통에 대해서, 왜 하나님은 여기까진 가만히 계시는가. 왜 일이 다 터지고 심각한 지경에 이르고 나서야 요셉과 '함께하시고' '범사에 형통케 하시고' '인자를 더하시고'…… 이렇게 하시는가. 요셉에게 일어난 이 일이 정말 가능하다면, 내가 아프고 아파서 인생의 아무 즐거

움도 소용없을 때, 오로지 이 고통이 빨리 끝나기만을 원하고 있을 때, 내 능력 밖에서 돌아가는 상황에 길이 없어 보일 때…… 그런 때에도 하나님이 나와 함께하시며 형통케 하실 수 있지 않은가.

1997년 6월 8일 헨리 나우웬의 『영성에의 길』을 읽으며 내게 있었던 독특한 경험들을 글로 풀어내고 싶은 강렬한 욕망이 생겼다. 진지하고 깊이 느낀 삶의 여러 정황들을 성숙한 어휘로 설명해 낼 수 있다면 얼마나 좋을까.

내가 나의 성격이나 진로에 대해 생각할 수 있을 만큼 자란 뒤로 나에 관한 모든 통제권이 내게 있다고 생각했던 것 같다. 특히 공부와 성적이 그랬다. 관계의 통제권이나 주도권이 내게 있었다. 그러나 통제가 늘 가능한 건 아니었다. 이건 부모님에 관한 것인데, 내가 아무리 노력해도 부모님과의 관계 개선은 좀체 이뤄지지 않았다.

이런 내게 류마티스 관절염이란 진단은 어찌 보면 너무도 기막힌 맞춤이었다고 생각한다. 이 병은 언제, 왜, 무슨 경로로 생기는지 아직도 밝혀지지 않았다. 어떤 이유에서인지 몰라도 내 몸의 면역 체계에 이상이 생겨, 내 몸에 들어온 세균과 싸우지 않고 내 몸 스스로 나를, 그것도 온몸의 관절을 공격하고 파괴한다. 처음 이 진단을 받았을 때 나는 별것 아니라고 생각했다. 요즘 약이 얼마나 좋은데, 이 병도 의사들의 통제 하에 소멸 될 수 있으리라 낙관했다. 그렇게 1년이 지나고 또 1년 이 지나고, 모든 약과 치료가 내 병을 통제하는 데 별 효 력이 없다는 걸 알게 되었다. 전혀 통제 불가능한 열악 한 내 상황을 보았으면서도 내가 그 어찌할 수 없는 상 황을 금세 인정하고 겸손해진 것은 아니었다. 기독 신앙 을 무슨 집착처럼 가지고 있었던 나는 이 상황을 제 위 치로 돌려놓지 않는 한 절대로 하나님의 선하심을 믿을 수 없다고 발버둥 쳤다. 그러다가 어쩌어쩌하여 내 증상 이 잠시 호전되었다. 약이 아닌 기도(신유)에 의한 것이 었는데, 지금 생각해 보니 거기에도 나의 통제력이 작용 하고 있었다. 기도하니까 내 인생은 또다시 나의 통제권 아래 있게 된 셈이었다. 그러나 지금 나는 계속 아픈 상 태에 있다. 햇수로 10년째다. 다시 아프게 되면서 이 통 제 불가능한 나의 상황에 대해 절망하고 포기하고 싶었 다. 나와 가장 가까이 있는 사람이나 상황에, 특히 그것 이 내 몸일 경우 '통제 불가능함'은 통제에 익숙한 내겐 사형선고와 마찬가지였다. 내 인생에 대한 나의 통제 방 식이나 주도권은 내게 권력이 되어 그것이 나의 자아 정 체성을 형성해 주곤 했다. 그러나 그것은 오히려 내가 하나님과 친밀한 관계를 누리지 못하게 방해했고, 실패하고 좌절하는 사람들을 비판하도록 만들었다. 오늘 나는 나의 통제권 밖에 있는 내 몸의 상태를 보면서 고난과 함께 사는 법을 배우고 있다.

1998년 3월 23일 시편 6편은 꼭 류마티스 환자가 쓴 글 같다. 수척하다거나 뼈가 떨린다거나, 탄식함으로 곤핍하다거나, 눈물로 침상을 적신다거나 하는 표현이 아픈 사람의 심경을 잘 대변해 주는 것 같다. 하나님이 내 곡성과 간구와 기도를 들으시면 원수가 홀연히 물러간다고 쓰여 있다. 내 병도 어느 날 홀연히 물러나게 될 것을 기대하며, 내 곡성과 간구와 기도가 하나님께 들려지길.

1998년 4월 6일 시편 9편. 오랫동안 아픈데 주님이 저를 버리지 아니하시고, 잊어버리지 아니하시고, 영영히 실망치 않게 하시리라 믿습니다. 계속되는 통증과의 싸움이 제 삶의 '문제'가 아닌 '계획'이 되게 해 주십시오. 또 제가 주님 앞에서 '주의 이름을 아는 자'(10절), '가난한 자'(겸비한 자, 12절)로 살도록 도와주십시오.

1998년 4월 8일 시편 11편. 내가 여호와께 피하였다. 내 쉴 곳을 찾았다. 그래도 여전히 아프다. 통증이 심하다. 이 피난처 안에서도 통증은 존재하고, 통증이 내 영성이니 인간성이니 인격이니 하는 것을 좀먹고 파괴한다. 통증이 심할 때도 좀 평화로울 수 없을까, 친절할 수 없을까, 짜증 내지 않을 수 없을까. 나는 손가락 하나 꼼짝 못하겠는데, 눈 뜨는 순간부터 내게 이것저것 요구하는 희연이에 대한 분노가 사그라들 수는 없을까. 통증은 기껏 쌓아 올렸다고 자부한 영성과 인간성에 찬물을 확 끼얹는다. 그게 바로 내 모습인 것 같다. 통증이 조절된 상태라면 얼마든지 고상한 척, 친절한 척, 여유 있는 척, 평화로운 척할 수 있다. 그건 단지 '척'일 뿐이고. 내 본모습은 통증이 심할 때 그 양상이 드러난다.

1998년 7월 8일 나 스스로 통증과 감정의 연결고리를 잘 조절하는 방식을 습득하지 않으면 이 갈등과 어려움은 언제든 다시 일어날 가능성이 있다.

1998년 7월 9일 통증을 느끼지 않는 것이 최상의 목표는 아니지만 통증은 절대로 유쾌함을 가져다주진 않는다. 그렇다고 통증이 없다고 내가 완전히 나은 것도 아니고, 완전히 낫는다고 내 삶이 완벽한 만족에 거하지 않는다는 것도 경험으로 안다. 그렇다면 중요한 건 '마음먹기'의 문제인데 좀처럼 마음이 평안해지지 않는다. 내 속에서 하나님의 사랑이 샘솟듯 하면 이토록 메마르고 불만족스러운 내 삶이 달라질 텐데.

1998년 7월 20일 정말 오랜만에 몸 상태가 스케일 2.5 정도로 무척 상쾌한 기분이다. 몸이 좀 괜찮다 싶으면 으레 뭔가 해야 할 것 같은 느낌으로 금세 접어든다. 뭔가 '해서' 내 존재의 의미나 성취나 밥값을 하고 있다는 과시를 하려고 한다. 어제 낮에 갑자기 섬광처럼 번뜩인 생각은, 하나님이 얼마나 날 곁에 두고 싶어 하시는가 하는 것이었다. 아프면 고통스러워 짜증 나는 것도 사실이지만, 그때야말로 내가 온전히 하나님께 의존적이 되는 시간이기도 하다. 여기에 내 아픈 것의 묘한 비밀이 숨어 있다. 완전히 하나님께 의존하는 삶, 거기에 참 자유와 평화가 있을 텐데……. 어떻게든 나 혼자서 해 보려고 애쓰는 데서 슬픔이 존재하는 것 같다.

1998년 9월 15일 희연이가 유치원에 가서 잘 적응해 주어서 내 몸 고생 마음 고생이 훨씬 줄어들었다. 희연이에게 고맙다. 오빠 다시 바쁘고 피곤한 학기 중의 생활로 돌아갔다. 몸이 아파서 이들의 속도에 내가 따라갈 수 없는 게 가장 큰 어려움인 것 같다. 부디 모든 이들의 소원대로 완전히 깨끗이 나아야 할 텐데. 낙망하지 않고 기도해야 할 사람은 정작 나인데, 나는 아직도 이걸 온전히 받아들이는 자세를 배우는 단계에 있다. 고난을 순명하는 삶. 그게 무엇인지 몸으로 깨달으려면 아직도 멀었다.

1998년 11월 23일 조금 회복되었던 몸 상태가 원점으로 돌아왔다. 감기도 낫지 않고, 관절도 다시 붓고 아프기 시작했다. 정상적인 생활로 돌아와야 함에도 불구하고, 위축되고 불쾌하고 두려운 마음 상태가 가라앉질 않는다. 하나님의 날개 아래, 그분의 등 뒤에 숨겨지는 귀한 이미지에도 불구하고 여전히 사막에서 홀로 덫에 걸린 듯한 느낌은 날 몸서리치게 만들고 있다.

2002년 3월 22일 내 병에 대해서. 아프고 통증을 느끼고 그래서 더욱 무기력하게 주저앉아 있는 것에 그냥 머물러 있었다. 그러고 싶지 않았고 그래서는 안 된다고 생각했지만, 난 너무 오래 아파 왔고, 또 아프다는 것을 핑계로 벽을 쌓고 살아왔다. 늘 마음에 걸렸던 것은 내 인생에 소망이나 기대가 없던 것. 그만큼 나는 예수님께도 별기대가 없었고 바람도 포기하고 있었다. 그랬지만 마음은 늘 편치 않았다. 난 이러고 살아도 하나님의 절대적인 선하심을 믿고 있노라고 스스로 위로하고 암시했다. 동의하지 않으면서도, 마음의 밑바닥엔 냉소의 바람이 차갑게 불면서도.

2011년 7월 14일 예전에 내가 쓴 글의 한 부분을 누구한테
보내 주다가 혼자 은혜 받는다. "가끔 제법 평탄한 인생
여정을 지나온 사람들을 만납니다. 자신이 그렇다고 인
정하는 사람들 말입니다. 그들의 밝고 긍정적인 모습이
부럽습니다. 그들을 보면서 나는 삶이 불공평하다고 투
덜거립니다. 삶이 공평하지 않은 덕분에 내가 누리는 혜
택이 너무나 많은데도 말이지요."

2015년 3월 26일 나사로,
예수님 덕분에 다시 삶을 얻은 나사로.
다시 살아나서 기쁘다는 누이들,
자기를 보려고 몰려드는 사람들,
자기를 죽이려고 작당하는 사람들 사이에서
과연 행복했을까?
결국엔 다시 죽었을 텐데
살아 있는 동안 과연 살 만했을까?
죽는 것만 못한 삶을 살진 않았을까?
다시 살려 주셔서 고마운 마음이 들었을까?
나사로는 다시 살고 싶었을까?
그는 예수님께 감사했을까?

나는 왠지,

다시 살게 된 나사로가 헛헛해 보이네.

쓸쓸해 보이네.

2015년 9월 1일 『몸의 일기』를 읽으면서, 어쩌면 나는 이렇게 내 몸에 대해 별로 관심을 갖지 않고 살았을까 싶었다. 게다가 몇 가지 만성질병과 함께 살면서도 몸이 내게 하는 말에 귀 기울이지 않았다(못했다). 몸에 대한 관심은 덜 영적인 것으로 인식하게 만든 종교의 영향에다가 몸의 말을 들으려면 도무지 주부로 엄마로 살 수가 없었으니까 그렇게 된 것 같다.

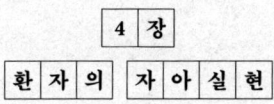

4 장
환 자 의 자 아 실 현

"내 것으로 받아들인 일을 묵묵히 하다 보니"

둘째 아이와 〈물숨〉이라는 영화를 보았다. 제주 우도에서 7년 동안 해녀들의 삶을 관찰해 적어 내려간 다큐멘터리다. 숨을 참아 물질을 해서 삶을 유지하는 그들에게 '물숨'이란 자신의 숨을 넘어서는 순간, 즉 욕심이나 욕망으로 인해 목숨을 잃을 수도 있는 숨을 의미한다고 한다. 숨을 참아 내는 정도에 따라 하군, 중군, 상군으로 나뉜다는 해녀 조직도 신기했고, 자기 마음대로 아무 그룹에나 들어갈 수 없는 것도, 자기 한계를 인정하고 바다의 뜻에 따르는 그들의 태도도 무척 인상적이었다.

영화에 자주 등장한 할머니 해녀에 대한 작가의 코멘트가 있었다. '육지에서는 그저 병든 노인에 불과하지만 바다에 가면 가치를 인정받기 때문에 매일 바다에 가신다'는 내용이었는데 정말 공감이 되었다. 인간은 끝까지 가치 있게 살고 싶어 하는구나, 자기 숨을 인정해야 하는 거구나, 전복을 한 개 더 따려는 욕심과 욕망 때문에 물숨을 들이마시게 되는 것이로구나. 이 영화를 보며 '순명'(順命)에 대해 생각하게 되었다.

충분하지 않다

아내와 엄마로서 혼란스러운 나와는 달리 큰딸은 잘 자랐다. 어딜 가든 착한 아이, 반듯하고 예절 바르고 똑똑한 아이로 자리매김했다. 아이를 잘 키웠다는 자긍심이 당시 우리 부부에게 거의 유일한 위안이었다. 그 사이 우리나라 종합 병원에는 류마티스내과가 신설되었고, 나는 드디어 자가면역질환 전문의를 만날 수 있게 되었다. 진단을 받고 8년 만에 제대로 된 진료와 처방을 받게 된 것이다. 기적처럼 낫기를 바랐지만, 하나님은 의학이라는 일반 은총의 은혜를 주셨다.

   큰아이가 일곱 살일 때 나는 둘째 딸을 임신했다. 첫째 아이를 쩔쩔매며 키웠으면서도 언제부턴가 둘째 아이가 있으면 좋겠다고 생각했다. 조심스럽게 임신 이야기를 꺼냈더니 주치의는 내 건강 상태를 염려하여 단칼에 반대했다. 왈칵 눈물이 쏟아졌고 오히려 아이가 더 간절해졌다. 하지 말라고 하면 더 하고 싶어지는 법. 모범생이던 내게서 '똘끼'가

튀어나왔다. 그렇게 고생했으면서도 나는 대체 왜 또 아이를 원한 걸까? 지금 생각해 봐도 참 이유를 모르겠다. 이유는 모르지만, 이런 비합리적인 욕구가 인류 존속에 큰 공헌을 했다고 여기는 수밖에. 둘째 아이를 기다려 본 경험은 내가 나중에 난임 부부의 아픔을 이해하고 공감하는 데 큰 도움이 되었다. 임신을 하는 동시에 나는 고위험군 임산부로 특별 관리를 받았다. 아이에게 장애가 있을지도 모른다고 해서 걱정했지만 다행히 건강한 아이를 낳았다.

그렇게 네 식구가 되었다. 두 아이 덕분에 즐거웠다. 기질도 다르고 장단점이 확연한 두 아이는 신세계였다. 같은 부모에게서 태어나도 사람은 개별적으로 독특한 존재였다. 두 아이를 돌보는 일은 육체적으로 정신적으로 너무나 에너지가 많이 드는 극한 직업이었다. 급기야 나는 둘째가 두 돌이 되기 전에 걸어 다니기 힘든 상태가 되었다. 대퇴부와 골반을 이어 주는 연골이 다 파괴되어, 앉거나 일어서거나 걷거나 아기를 안을 때마다 뼈와 뼈가 완충지대 없이 부딪히는 느낌이 온몸에 전해졌다. 약으로도 통증이 조절되지 않는 막다른 골목에 이르자 선택의 여지가 없었다. 나는 양쪽 고관절을 인공관절로 교체하는 수술을 받았다. 내게 육아는 수사(修辭)가 아닌, 진실로 '뼈를 깎는' 일이었다.

두 아이를 키우는 동안 다음 세대를 키워 내는 아주 중요하고도 의미 있는 일을 하고 있다는 격려를 안팎으로 받았다. 그런데 그것만으로는 내 인생이 충분하지 않았다. 나는 내가 뭔가 불만이 있는 것처럼 느끼는 게 싫었다. 뭐가 불만이냐고 물으면 딱히 답은 없었다. 남편이 출장이 잦아 집을 자주 비우는 게 원인인가? 혼자 두 아이 데리고 동동거리는 게 쉽지는 않았지만 그것 때문은 아니었다. 영어 속담처럼, 남편의 말이나 행동은 "낙타를 주저앉히는 마지막 지푸라기"였을 뿐이다. 친정엄마는 내가 '배가 불러서' 그런다고 하셨다. 엄마의 관점에서 보면, 더할 나위 없이 좋은 남편에다가 사랑스러운 아이가 하나도 아니라 둘이나 있었다. 뭘 더 바라는가. 바라는 것 자체가 죄가 아닐까 자책했다.

인공관절 수술을 받고는 확실히 통증이 줄어 절뚝거리지 않을 수 있었다. 게다가 둘째 아이까지 어린이집에 보내고 나니 겨우 한숨을 돌렸다. 오전에 혼자 마시는 커피는 무척 달콤했다. 그런데 남편이 어느 날부터인가 "셋째 아이는 얼마나 더 예쁠까!"라며 노래를 부르기 시작했다. 워낙 아이를 좋아하는 사람이니 당연하다 싶으면서도 육아의 고된 현실을 모르는 것 같아 기가 막히고 서운했다. 셋째라니, 그건 어불성설이었다. 아이는 둘이면 족했다. 아이만 키우다가 늙을 수는 없었다. 내 인생에 세 번째 아이는 절대 없을 것이라고 확신했다. 이제는 나도 남편과 아이들을 보조하는 삶이 아닌, 나를 위한 나만의 인생을 살고 싶었다. 아이가 하나둘 생기는 동안 "너는 요즘도 집에서 노냐?"라고 계속해서 말씀하신 아버지에게 놀고 있지 않다는 것을 보란 듯이 보여 주고도 싶었다.

더는 아이를 낳지 않을 테고 내 인생을 찾겠다는 확신을 분명히 하고자 집 가까이에 있는 대학의 대학원에 지원했고 합격했다. 무려 장학금까지 받았다. 아직 내게 가능성이 남아 있다는 것을 확인한 나는 대학원생으로서 자리를 잡으려고 또 '노오력'했다. 그러나 막상 들어가 보니 이 전공은 내가 하고 싶은 공부가 아니었다. 갓 두 돌이 지난 작은아이를 어린이집에 맡기고 학교에 다니는 것도 만만치 않았다. 공부하는 엄마는 매일 헐레벌떡 뛰어다녀야 했다. 재미는 없고 힘들기만 했다.

그만둘까 계속 다닐까 고민을 하다 보니 악몽에 시달리는 날이 반복되었다. 비록 대학원이기는 해도 드디어 전업주부라는 타이틀을 벗고 사회에 한 걸음 내디뎠다고 생각했기에 이대로 물러나기는 부끄러웠다. 하지만 이 길이 아니라는 것을 알았는데 계속하는 것도 어리석은 일이었다. 결국 지도 교수님의 만류에도 불구하고 대학원을 그만두었다. 갈 길이 아니어서 그만둔 것인데, 막상 그만두고 나니 내 인생은 이렇게 전업주부로, 애들 엄마로 사그라지는 것인가 싶어 매사에 시큰둥하고 우울했다.

섭리

그런 내게 남편은 입양하자는 말을 꺼냈다. 아이가 또 있으면 좋겠다는 말은 무시해 왔는데, 입양이라니! 그런데 무슨 이유에서인지 그 말은 흘려들을 수가 없었다. 이상하게도 그 말은 못 들은 척할 수가 없었다. 게다가 첫째 딸까지 나서서 동생을 입양하자고 제 아빠의 말에 힘을 실어 주는 게 아닌가. 미국에서 지내는 동안 주변에서 입양 가족들을 만나 본 경험 덕분인지 큰애는 입양이 어떤 것인지 이해했다. 다행히(?) 둘째는 입양에 반대했다. 엄밀히 말하면, 동생이 생기는 것을 거부했다. 자기는 막내인 게 좋다면서 입양이 무엇인지는 모르겠으나 동생은 무조건 싫다는 단호한 태도를 보였다. 찬성과 반대가 팽팽했다. 당시 첫째 아이가 11살, 둘째는 5살이었다.

나도 입양이 꼭 필요한 일인 줄은 알았다. 부모 없이 살아가는 어린아이들이 뉴스에 나오면 그게 그렇게 마음이 아팠다. 자신의 죄도 아니고 자신의 선택의 결과도 아닌데 고통을 겪어야 하는 어린아이들의 사정이 남의 일 같지 않았다. 누군가는 반드시 해야 할 일이라고 생각했지만, 나는 피해 가고 싶었다. 다른 누군가, 나보다 건강하고 성품도 좋고 돈도 많은 누군가가 이 아이들을 입양하기를 간절히 바랐다. 나의 경우는 내가 꼭 입양하지 않아도 괜찮은 나름의 합리적인 이유가 차고도 넘쳤다. '나는 환자야. 이미 두 아이를 키우고 있잖아. 봉급도 적은 남편의 외벌이로 두 아이를 키우기도 쉽지 않아. 입양이 필요한 일이라는 것은 잘 알지만 우리에게는 무리지.' 입양을 하자는 남편의 제안을 거절하면 그만일 텐데, 나는 이러지도 못하고 저러지도 못하고 차일피일 결정을 미룬 채 시간만 흘려보냈다.

그때, 사고 소식을 들었다. 남편이 지도하던 학생이 교통사고를 당했다는 것이다. 갓 스무 살이 넘은 아이였다. 응급실로 달려가 보니 침상에 아이가 곤히 잠든 것처럼 누워 있었다. 이미 숨을 거둔 상태였다. 피 한 방울 보이지 않는데 죽었다니, 도무지 믿기지 않았다. 아이가 다니는 교회의 전도사님이 침상을 붙들고 살려 달라고, 기적을 일으켜 달라고 울부짖었다. 저렇게 하나님에게 떼라도 쓰면 좋겠건만, 나는 한마디도 할 수 없었다. 그리고 나는 기적을 믿지 않았다.

내 앞에 누워 있는 아이는 죽었는데 나는 살아 있었다. 한 공간에서 죽음과 삶이라는, 전혀 섞일 수 없는 두 세계를 한꺼번에 경험하는 게 낯설고 어색했다. 게다가 사고를 낸 당사자는 아이의 학교 친구였다. 죽은 아이에게나 사고를 일으킨 아이에게나 이해할 수 없는 사건이었고 돌이킬 수 없는 비극이었다. 모든 것이 뒤죽박죽이었다. 어쩌다 이런 기대를 갖게 되었는지 모르지만, 내가 알고 있는 죽음은 나이 순서여야 하고 죽기 전에 적어도 사랑하는 사람과 작별인사 정도는 나눌 기회는 주어져야 하는 것이었다. 그런데 이건 아니지 않은가. 속은 것 같았다. 삶도 나를 속이더니 죽음에게도 사기를 당한 것 같았다.

"헛되고 헛되며 헛되고 헛되니 모든 것이 헛되도다"라는 전도서 기자의 탄식이 귓가에 맴돌았다. 죽음은 내가 생각하는 것보다 훨씬 가까이 있는 거였다. 어쩌면 삶과 죽음은, 그 아이와 내가 있는 자리처럼 겨우 몇 십 센티미터밖에 차이가 없는지도 모른다. 나도 언젠가는 예상치 못한 때에 죽음의 자리에 눕게 될 수도 있을 것이다. 미워하고 후회하고 불평한 지난날들이 부질없게 느껴졌다. 내가 떠나고 남겨야 할 것은 사랑밖에 없었다. 아끼던 이의 갑작스러운 죽음은 나를 비롯한 남은 자들에게 어떻게 살아야 하는가 하는 질문과 숙제를 남겼다.

그날 밤 나는 입양을 하기로 정했다. 살아 있는 동안 한 아이에게라도 가족이 되어 준다면 그것만으로도 내 삶은 충분히 의미 있고 가치 있겠다는 생각이 들었다. 세 아이의 엄마로만 살다가 이 세상을 떠나도 괜찮겠다는 마음이 들었다. 그날 나는 전업주부를 벗어나 세상에 나가서 내 이름을 찾겠다는 욕망을 접었다. 마음 깊숙한 곳에서 우러나온 진심이었다. 그 아이의 죽음과 나의 입양은 아무런 상관이 없는 일일 수 있고 논리적으로도 인과관계가 성립하지 않는다. 하지만 어차피 내 인생은 이해 안 되는 일이 많지 않았나. 내가 환자라는 사실도 더 이상 큰 문젯거리가 아닌 것 같았다. 입양을 하든 안 하든 나는 시시때때로 아플 텐데, 이런 엄마라도 필요한 아이가 있다면 기꺼이 품을 내주고 싶었다.

본격적으로 입양에 관해 알아보기 시작했다. 가장 먼저 입양 가족 자조 모임에 나가 보았다. 입양해서 아이를 키우고 있는 분들을 만나니 왠지 마음이 든든했다. 가 보지 않은 길에 이미 서 있는 입양 선배들을 의지할 수 있을 것 같았다. 하지만 우리의 처지를 잘 아는 분들은 걱정이 한가득이었다. 입양을 좋은 일이라고 생각하니 대놓고 반대하지는 않았지만, 어쩌려고 저러나 하는 근심 어린 표정들이었다. 사소한 일에서는 염려와 근심이 많은 내가 결혼과 자식을 얻는 일에서는 무모하고도 대범한 선택의 연속이었다.

난생처음 입양 기관을 방문해 상담을 받고 입양 신청서를 작성했다. 우리가 입양 부모로서 한 아이를 책임질 수 있는지 신체적·경제적·사회적 상황과 처지를 샅샅이 확인받았다. 기관 옆에는 영아 일시 보호소가 있었는데, 그곳에는 60여 명의 아이들이 지내고 있었다. 그 아이들은 거기서 2년 정도 생활하다가 친부모가 데려가지 않거나 입양되지 않으면 보육원으로 옮겨진다고 했다. 일단 보육원으로 이동하게 되면 입양될 기회는 현저히 낮아진단다. 사회복지사 선생님의 설명을 듣기 전에는 보호시설에 아이들이 그렇게 많은 줄 몰랐다. 그간 내가 이것저것 재며 입양을 할지 말지 고민한 시간이 갑자기 미안해졌다. 내가 입양을 할 경우의 손익계산을 하며 세월을 보내고 있을 때, 저 아이들은 자기 손을 끝까지 잡아 줄 가족의 손길을 애타게 기다리고 있었다고 생각하니 부끄러움이 몰려왔다. 이제 더는 망설이지 않으리라 마음먹고 서둘러 입양 절차를 밟았다.

그리하여 미혼모의 아기였던 '서 현'은 마침내 법적으로도 완전히 우리 가족의 막내딸이 되었다. "사람이 장래 일을 알지 못하나니 장래 일을 가르칠 자가 누구이랴"라는 전도서 기자의 말은 바로 나를 두고 하는 말이었다. 내가 입양을 결정한 것, 하필 이 아기가 우리 가족이 된 것, 이 모든 과정이 '섭리'라는 단어 외에는 설명할 길이 없다.

너는 아무것도 아닌 게 아냐

이렇게 다시 젖먹이 육아가 시작되었다. 초등학생과 유치원생인 두 아이의 뒷바라지까지, 하루가 어떻게 지나가는지 모를 만큼 바쁜 나날이 이어졌다. 아이들을 먹이고 씻기고 재우고, 음식을 만들고 설거지하고, 어질러진 집을 치우는 일상이 매일 되풀이되었다. 또한 사역자의 아내로서 틈틈이 손님을 맞이했다. 전업주부로만 살아가는 일도 이미 내 능력의 한계를 넘어서는 일이었다. 이때가 되어서야 비로소 주부로서 엄마로서 내가 하는 일을 온전히 '나의 것'으로 받아들였다. 내 것으로 받아들인 일을 묵묵히 하다 보니 살림하고 아이들 돌보는 일에 내공이 쌓여 갔다.

　세 아이의 엄마로 바쁘게 살면서도 꾸준히 일기를 썼고 틈나는 대로 책을 읽었다. 그것은 나 자신을 지키기 위한 최소한의 분투였다. 어느 날, 한 출판사에서 주최하는 독후감 공모전 광고를 보았다. 그 책을 읽은 터라 가벼운 마음으로 공모전에 응모했다. 그런데 이게 웬일인가, 내 독후감이 대상을 받았다! 깜짝 놀랐다. 학창 시절에 글짓기로 상을 받은 적이 여러 번 있었지만, 그 실력이 여전히 남아 있다는 사실에 가슴이 뛰었다. 자신감을 얻은 나는 한 방송사의 글쓰기 공모전에도 응모했다. 거기서도 대상을 받았다. 부상으로 받은 '가족 여행권'으로 인도네시아의 최고급 리조트에 여행을 다녀오기도 했다. 아무것도 아닌 것(nothing) 같은 내게, 너는 아무것도 아닌 게 아니라(something)고 하나님이 위로해 주시는 것 같았다.

　막내까지 어린이집에 가자 하루 몇 시간의 여유가 주어졌다. 어떻게 하면 그 시간을 알차게 보낼 수 있을지 알아보다가 집 근처 도서관에서 진행하는 수필 수업을 찾았다. 일주일에 두 시간이니 아이들 돌보는 데 전혀 지장이 없었다. 나중에 깨닫게 된 사실이지만, 이때의 작은 결정이 지금의 나를 만들었다. 그 수업에서 나는 내 글이 어떤 장단점을 가졌는지 선생님과 글동무들로부터 피드백을 받았다. 또한 어떤 글이 좋은 글이며 타인의 공감을 불러일으키는 글쓰기는 어떠해야 하는지를 헤아리는 태도를 익혔다. 글을 쓰는 일은 나를 돌아보고 성찰하는 작업이었다. 또한 내 마음을 글로 표현하다 보니 치유의 효과도 있었다. 글도, 나 자신도 점점 나아지고 있다는 느낌을 받았다.

글을 쓰면서 알았다. 내게는 솔직하고 진실한 글로 인생의 희로애락을 잘 표현해 내고 싶은 욕구가 있다는 것을. 내가 그 작업을 재미있어 하고 제법 잘한다는 객관적인 피드백까지 받으니 일상이 즐거워졌다. 내가 경험한 모든 일이 글의 소재가 되었다. 내 삶의 모든 조각이 버릴 게 하나도 없었다. 돈은 (거의) 안 되는 일이었지만 나는 너무나 신이 났다. 정말 오래간만에 느껴 보는 성취감이었다. 나는 환자로 사느라 변변한 사회생활을 해 본 경험이 없다. 결혼하고는 주부요 엄마로만 살았으니 이력서에 써넣을 그럴듯한 한 줄이 없었다. 그게 내게는 열등감이었는데, 정직하고 성실하게 글을 쓴 결과 등단도 하고 '주목 받는' 젊은 수필가로 인정받았다.

그러던 중 한 출판사로부터 번역을 해 보지 않겠느냐는 제안을 받았다. 번역이라니! 번역은 내가 한 번도 꿈꿔 본 적 없는, 전문가의 영역이라고만 생각했다. 제안을 받고 떨려서 심장이 쿵쿵거렸다. 잘할 수 없을 것 같은 두려움과 잘해 보고 싶다는 열망 사이에서 고민하다가 제안을 받아들였다. 새로운 도전을 시도하여 두 권의 단행본과 몇 건의 문서와 자료를 번역했다.

글을 쓰고 번역을 한 이력이 알려지면서 대학 때 활동했던 선교단체에서 연락이 왔다. 두 달마다 내는 잡지의 편집 일을 해 보겠냐는 제안이었다. 다른 사람이 쓴 글에서 오탈자를 찾고 문장을 매끈하게 다듬는 일은 수필을 쓰면서 몇 년간 훈련받은 일이었다. 내가 좋아하면서도 잘할 수 있을 것 같았다. 근무 시간이나 작업의 양을 따져 보니, 아이들을 돌보면서도 할 수 있을 정도였다. 매일 사무실에 나가야 하는 것은 아니어서 환자인 내가 소화할 수 있는 노동 강도인 점도 좋았다. 마감을 앞두고는 밤을 새울 만큼 바쁘고 시간제 근무라 받는 돈이 많지 않았지만, 내가 잘하는 일을 통해서 단체에 공헌한다는 생각에 뿌듯했다. 좋은 동료들과 함께하는 기쁨도 누렸다. 그렇게 편집 간사로서 8년간 일했다.

"테이크오프 보드, 뜀틀에 발판이 있잖아요. 우리는 그 발판이에요. 뛰어가서 발판을 힘껏 차고 날아오르면 이제 떠올리지 않아도 되요.…… 크게 생각하면 사람은 그런 존재가 아닐까요? 부모가 자식을 받쳐 주듯이 모두 누군가의 발판이 되어서 다음 세대를 앞으로 날려 주죠.…… 내 일을 테이크오프 보드로 해서 분명히 누군가가 앞으로 나아가고 있어요.…… 어떻게 하느냐에 따라서 나도 아직 누군가의 테이크오프 보드가 될 수 있어요. 지금 나는 이렇게 살아 있고 생활을 해요. 또 마음 쓰이는 일이 있고 마음 써 주는 사람이 있어요. 그것만으로도 사람은 누군가를 날게 하고 나 자신도 날아가며 함께 나아가는 기분이 들어요. 그건 수많은 익명의 테이크오프 보드 덕인 거죠. 서로 마찬가지니까."

"잊혀도 괜찮다는 건가요?"

아무 말 없이 사토미가 미소 지었다.

─이부키 요키, 『49일의 레시피』

내 자식을 위해 살다 보니

방법만 다르지 아이를 얻는다는 점에서 출산과 입양은 다르지 않다. 아이마다 타고난 기질이 다르고 각자의 장단점이 있을 뿐, 실제로 내가 낳은 아이들이나 입양한 아이나 육아는 다른 점이 (거의) 없었다. 하지만 막내를 입양한 일은 나를 완전히 새로운 세계로 이끌었다. 입양하지 않았으면 전혀 알지 못했을 세계를 만났다. 아이를 입양 보내는 사람들에 대해서, 아기를 낳고 싶어도 낳을 수 없는 사람들에 대해서, 해외 입양에 대해서, '혈연 신화'에 대해서, 가족에 대해서 너무나 많은 것을 알게 되고 생각하게 되었다.

우리 부부는 아이에게 입양 사실을 숨길 수도 없고 숨길 이유도 없다고 생각했다. 숨기는 데 드는 에너지를 잘 알리는 데 사용하면 된다. 그래서 아이들과 함께 입양에 관한 동화책을 읽으며 대화를 나눴고, 다른 입양 가족들과도 꾸준히 교류하며 지냈다. 필요한 경우에는 방송 출연과 언론과의 인터뷰도 마다하지 않았다. 숨지 않고 오히려 앞에서 이야기하면, 입양아는 뭔가 다르고 문제가 있을 것이라는 편견을 바꾸는 데 도움이 되지 않을까 싶어서였다. 입양한 후 가장 많이 들은 말이 "존경스럽습니다"였는데, 입양이 존경스러운 사람들만 하는 특별한 게 아니라 평범한 사람들이 가족을 이루어 가는 과정임을 인식할 수 있기를 바랐다.

나보다 먼저 입양한 부모들은 일찍부터 학교나 기관, 교회 등을 찾아다니며 입양에 대한 부정적인 인식을 개선하는 교육을 해 오고 있었다. 막내가 초등학교에 들어가던 해에 나도 입양 교육 강사가 되어 입양에 대해 알고자 하는 수많은 사람들 앞에 섰다. 그 와중에 막내가 다른 아이로부터 입양아라고 놀림을 받는 사건이 일어났다. 이 사건을 계기로 나는 막내가 다니는 학교에서도 입양 교육을 했다. 그때의 경험은 막내가 자기의 입양 사실을 긍정적으로 공개하는 데 밑거름이 되었다.

보호시설에는 여전히 많은 아이들이 가족을 기다리고 있다. 이 아이들에게는 가족이 되어 줄 누군가의 품이 절실하다. 그래서 나는 입양의 필요성을 알리고, 입양을 생각하는 사람들을 만나 상담하는 활동을 꾸준히 해 왔다. '소명은

마음 깊은 곳의 기쁨과 세상의 절실한 필요가 만나는 지점'
이라고 하는데, 그런 의미에서 입양의 의미와 현실을 제대로
알리는 일은 당시 나의 소명이었다. 내 자식을 위해, 또 입양
을 기다리는 내 자식 같은 아이들을 위해 나선 일이었다.

입양은 '남의 자식'을 '내 자식'이 되게 하는 사회적이고
법적인 과정이다. 넓게 보면, 내가 낳은 아이도 입양한 아이
도 결국은 '내 것'이 아니다. 그리스도인들은 모든 아이가 하
나님의 자녀라고 고백한다. 모름지기 부모는 아이가 건강한
성인으로 독립할 때까지 잘 돌보는 사명을 받은 청지기이다.
아이들은 누구나 하나님이 새겨 놓으신 자기만의 개성을 가
지고 세상에 온다. 부모란 그저 하나님의 아이들을 위탁받은
"무익한 종"(누가복음 17:10)일 뿐이다.

입양 교육 강사로 5년간 활동하고, 입양 가족 모임의 지
역대표로 10년을 봉사했다. 학위는 없지만 그 시간을 거치며
나는 입양에 관한 한 전문가가 되었다. 이런 나의 활동들이
인정을 받아, 2014년 '입양의 날'(5월 11일)에 국무총리상을
받았다. 2018년에는 입양과 관련한 경험과 각종 정보와 관련
이슈들을 정리해 『너라는 우주를 만나』라는 책으로 출간했
다. 그 후로 나는 작가로 불리기 시작했다. 뭔가 되려고 애쓰
기를 포기하고 엄마로서 할 수 있는 일을 열심히 하자 나는
비로소 뭔가가 되어 있었다.

새로운 도전 앞에서

막내를 입양해 키우는 동안 아이를 낳은 생모는 잊으려 해도 잊을 수 없는 존재였고 공기처럼 우리 가족과 함께했다. 아이의 생일이면 그이는 잘 살고 있는지, 그이도 아이를 생각할지 궁금했다. 아직 만나 본 적은 없으나 앞으로 막내가 원한다면 그이를 만나고 싶다. 서로 궁금해 하던 것을 물어보고 마주 보며 웃을 날이 오기를 바랄 뿐이다.

십대 미혼모를 돕는 기관에 가서 강의한 적이 있다. 그 엄마들은 아이를 자기 손으로 키워야 하는지, 입양 보내야 하는지 고민하는 중이었다. 내 딸 또래의 아이들이 그런 고민을 하는 걸 보고 있자니 마음이 착잡했다. 입양은 가족이 필요한 아이에게 새로 가족을 찾아 주는 행복한 과정이지만, 그 이면에는 자기가 낳은 아이를 떠나보내야 하는 누군가의 슬픔이 숨어 있다. 또한 아이에게는 자기에게 생명을 준 부모와 헤어져야 하는 상실을 내포하는 일이기도 하다. 비록 아이가 그 상실감을 의식 차원에서 느끼지 못한다 하더라도 말이다. 떠나보내고 헤어지는 슬픔을 줄이기 위해 내가 할 수 있는 일이 있을까?

단기간에 구조와 제도를 바꾸는 일은 내 능력 밖의 일이니, 미약하나마 나는 젊은 친구들과 제대로 사랑하는 법에 대해 같이 고민해 보고 싶어졌다. 그러려면 성(性)이 무엇인지 정리할 필요가 있었다. 결혼하고 출산까지 해 보았으니 성이라는 주제는 만만해 보였다(만만한 주제가 아니라는 걸 곧 깨달았지만). 나는 성과 관련한 책을 읽으며 도서관에서 무진장 시간을 보냈다. 배울 수 있는 곳이라면 온라인과 오프라인을 가리지 않고 찾아다녔다. 이 주제는 공부하면 할수록 신기하고 흥미진진했다. 나는 공부에 푹 빠져들었고, 자기 주도 학습을 잘했던 과거의 재능이 빛을 발했다.

그 과정에서 가장 먼저 나 자신을 새롭고 건강하게 인식하게 되었다. 성적인 존재로서의 나를 발견하고 인정하고 사랑하게 된 것이다. 특히 도무지 해석할 수 없었던 나 자신의 아픈 과거를 제대로 파악하게 되었다. 어떤 경험에 대해 나는 나를 오랫동안 비난해 왔다. '여자인 내가 좀 더 잘 처신했어야 했는데…… 여자인 내가 강력히 거절했어야 했는데……'라며 나 자신을 탓했던 것이다. 사랑과 폭력 사이에서 헤매던 어린 나에게는 이런 문제를 의논할 어른이 없었다. 그래서 성 문제로 고민하는 청소년과 청년들을 격려하고 나아갈 방향을 제시하는 어른이 되고 싶은 갈망이 커졌다. 나의 진심이 전달되었는지 강사로 불러 주는 곳이 점차 늘어났고, 이제는 한 연구소의 일원으로 자리 잡았다.

한국 사회에서 성은 '뜨거운 감자'다. 각계각층 인사들의 성폭력 사건으로 '미투 운동'이 일어나고 있고, 세대 갈등과 남녀 갈등이 중첩되고 촘촘히 엮여서 정치적으로나 사회적으로 매우 예민한 사안이다. 조심스럽게 다루어야지, 말 한 마디 서툴게 하면 금세 논란의 중심이 되어 버린다. 나는 사회와 교회 안의 성차별과 성폭력에 반대하고, 금욕과 금지로 일관된 기존의 성 담론에 이의를 제기한다. 그러면서도 기성 세대로서 나 자신의 한계에 맞닥뜨리기도 한다. 멋모르고 이 바닥에 뛰어들었다는 자괴감과 혼자 공부해서 여기까지 이 르렀다는 뿌듯함 사이에서 하루에도 몇 번씩 널을 뛴다. 이렇 게 삶의 또 한 조각을 채워 나가는 중이다. 이 조각이 내 인생 에 어떤 모습으로 남을지 아직은 잘 모르겠다. 그저 할 수 있 는 일을 하며 살 뿐이다.

한 세대는 가고 한 세대가 오나니

막내의 기저귀를 갈아 주면서 둘째 아이의 알림장을 확인하 고 첫째 아이와는 수학 문제를 풀던 시절이 있었다. 아이들 을 씻기고 재워야 겨우 드라마 한 편 볼 시간이 났던 그 시절. 그마저도 아이들이 순순히 잘 따라 줄 때나 가능한 사치였 다. 아이들에게 소리라도 지른 날에는 잠든 아이들 옆에 앉 아 울기도 많이 울었다. 엄마라는 고된 역할이 영영 끝날 것 같지 않아 조바심을 내기도 했다. 그런데 웬걸, 세 아이는 금 세 자랐다. 그들은 때때로 흔들리지만 자기 인생길을 뚜벅 뚜벅 걸어가고 있다. 내게 세 딸은 "장사의 수중의 화살"(시편 127:4) 같아서, 그 화살이 화살통에 가득한 나는 참 큰 복을 받은 사람이다.

나는 부모님께 애정 넘치는 딸이 아니었고, 시부모님께 애교 많은 며느리도 아니었다. 내 인생의 무게를 감당하느라 어르신들을 돌봐 드리는 일은 잘하지 못했다. 그래도 세 아이를 양육해 본 경험은 사람을 이해하고 사람으로 사는 데 중요한 게 무엇인지 조금 더 알게 해 주었다. 터울이 많은 세 아이를 키워서 그런지 어떤 엄마를 만나도 맞장구치며 대화를 나눌 수 있다. 개성이 뚜렷한 세 아이와 같이 진로를 탐색하고 찾아 본 경험은 소중한 자산이 되어 다른 부모들에게 도움을 주기도 한다. 또한 다른 부모들처럼 나도 엄마였기에 부부 관계의 위기를 버틸 수 있었다.

물론 나는 나의 인생을, 아이들은 아이들의 인생을 사는 거다. 아이들의 삶을 내가 대신 살아 줄 수는 없다. 마찬가지로 아이들이 내 행복의 전부는 아니다. 나는 아이들과 행복하게 살고 싶어서 내가 행복할 수 있는 길을 찾아 헤매다가 여기까지 왔다. 딸들에게 괜찮은 동료로 남을 수 있다면, 그것으로 대만족이다.

올해로 결혼한 지 31년이 되었다. 그 세월 동안 나는 많이 달라졌다. 전업주부로서 밥값을 하려고 꾸역꾸역 집안일을 도맡아 하던 그때의 내가 아니다. 전업주부로 오래 살아 본 덕에 살림과 돌봄에 능숙한 사람이 된 것은 요즘 아이들 말로 하면 '개이득'이다. 남편처럼 이제 나도 내가 좋아하고 잘하는 일을 하면서 돈을 번다. 그는 그가 잘하는 일로, 나는 내가 잘하는 일로 가정을 꾸려 간다. 평등한 부부가 되어 갈수록 부부 관계의 만족감이 높아진다. 남편 덕분에 새로운 것을 배울 기회가 많았다. 나로서는 전혀 시도하지 않았을 일들을 그와 함께 살면서 많이 경험했다. 나를 확장하는 데 있어 남편의 역할이 결정적이었다. 그에게도 내가 그런 역할을 했으리라. 우리 부부는 결혼을 통해 '동반 성장'을 했다. 우리의 결혼생활을 보면, 끝날 때까지는 끝난 게 아니라는 말이 딱 들어맞는다. 여성학자 박혜란의 말처럼, 우리는 "서로를 키워 주는 관계"다.

5 장
환 자 와 죽 음

"나는 내게 최선의 결정을 하고 싶다"

의미 있는 타인의 죽음

친할머니는 1990년, 내가 대학생일 때 할머니가 평생 사시던 경북 상주 할머니의 큰아들네에서 돌아가셨다. 넘어져서 뇌출혈 진단을 받으셨는데, 아마도 병원에서 가망이 없다고 하자 집으로 모셨던 것 같다. 할머니의 임종이 멀지 않았다고 판단하신 아버지가 먼저 큰아버지 댁에 내려가셨고, 돌아가셨다는 연락을 받고 엄마가 가셨다. 나는 언니들, 남동생과 그다음날 고속버스를 타고 내려갔다.

큰아버지 댁 대문 앞에는 '喪'(상)이라는 글자가 쓰인 빨간색 등이 매달려 있었다. 할머니의 시신은 안방 병풍 뒤에 모셔 놓았다고 했다. 엄마를 비롯한 여자 어른들은 "아이고,

아이고"라며 곡을 하고 있었다. 곡은 거의 쉴 틈 없이 이어졌고 조문객이 오면 더 큰 소리로 곡을 하셨다. 저러다가 엄마가 쓰러질까 봐 걱정이 앞섰다. 예전에 곡비(哭婢)가 왜 필요했는지 이해할 수 있는 상황이었다. 방이며 마당이며 조문객들을 위해 밥상이 차려졌고, 그분들은 밤을 새우며 상가를 떠나지 않았다.

삼일장의 마지막 날, 할머니의 시신을 담은 관이 상여에 실려 장지까지 옮겨졌다. 상여는 같은 동네 사람들이 멨다. 나는 난생처음 TV에서만 보던 상여와 만장(고인을 애도하는 뜻의 글을 비단이나 종이에 적어서 기처럼 만든 것으로, 주검을 무덤으로 옮긴 때에 상여 뒤에 들고 따라간다)을 보았다. 운구하는 상여꾼들이 "이제 가면 언제 오나, 원통해서 못 살겠네"라고 상엿소리를 하면, 상여 뒤에 따르는 유족들은 "아이고, 아이고"로 화답했다. 그렇게 상여는 선산의 무덤까지 옮겨졌고 할머니는 땅에 묻히셨다. 할머니 곁에서 임종을 지키신 아버지는 "엄마, 나도 데려가"라고 울부짖으며 무덤으로 들어가려고 해서 주위 분들이 말리느라 고생하셨던 기억도 난다. 할머니의 죽음은 우리 집안만이 아니라 온 동네가 참여하는 행사였다.

우리 아이들은 이런 전통적인 장례식을 더 이상 경험할 수 없을 것이다. 우리나라 65세 이상 성인의 임종 선호 장소 1위는 집이지만 현실은 정반대다. 10명 중 7명 이상은 의료 기관에서 생을 마감하고, 집에서 임종하는 비율은 16%에 불과하다. 집에서는 간병과 의료 돌봄을 충분히 제공받기 어렵기에 병원이나 시설에서 임종하는 게 현실이다. 집에서 숨지면 보호자가 경찰 조사를 받는 번거로운 절차도 있어서 임종 직전에 병원을 찾기도 한다.

✦ ✦

외할머니는 87세에 노환으로 돌아가셨다. 돌아가시기 얼마 전, 나를 포함한 할머니의 손자손녀들은 각자 가족을 이끌고 할머니가 머무시는 외삼촌댁에 방문했다. 할머니는 의식과 무의식의 경계를 오가시며 섬망 증세를 보이셨다. 하지만 "내 영혼이 은총 입어" 하는 찬송을 같이 부를 때 할머니는 그 자리에 있던 어느 누구보다 힘찬 목소리로 두 팔을 위로 드시고 찬양하셨다. 성령 충만한 모습이셨다.

할머니는 이 땅에서 외롭고 고독하고 가난한 삶을 사셨다. 할머니의 남편, 나의 외할아버지는 결혼 내내 외도를 일삼았다고 한다. 심지어 세 번째 부인이 집에 들어앉으면서 본처인 할머니가 집을 나오셔야만 했다. 갓 백일이 지난 한 아들은 한국전쟁 때 피난을 다녀온 후 잃었고, 성인이 된 또 다른 아들은 끝끝내 실종 상태로 찾지 못했다. 집을 잃은 할머니는 근근이 살아가는 자식들의 집을 전전하며 가녀린 몸을 의탁하셨다.

할머니의 잘못은 하나도 없지만, 할머니의 삶은 여자로

서도 엄마로서도 실패한 삶이었다. 하지만 할머니의 마지막 모습을 뵙고서 나는 할머니가 천국에서는 행복하게 지내실 거라 믿을 수 있었다. 할머니처럼 비참하고 처량하지만 순하게 살아온 인생들에게는 죽음 후의 천국이 꼭 존재했으면 좋겠다는 게 나의 바람이다.

✦ ✦

2015년 7월의 어느 날 밤, 남동생한테 전화를 받았다. 아버지가 소화가 안 되어 1차 병원에 갔다가 쓰러지셔서 대학 병원 응급실로 이송 중이라고 했다. 심근경색으로 이미 스텐트 시술을 두 번이나 받은 병력이 있었기에 1차 병원 의사는 아빠의 증상이 소화기 계통의 문제가 아님을 직감했다. 그래서 아빠가 시술을 받은 대학 병원으로 옮기던 중 의식을 잃고 쓰러지셨다고 했다.

의사들이 달라붙어 심폐소생술을 했다. 내가 병원에 도착했을 때 아빠는 의식이 없었지만 심장은 뛰고 있었다. 정신을 잃고 쓰러지신 지 이미 두세 시간이 지난 뒤였다. 산소 마스크가 씌워져 있었고 심장을 뛰게 만드는 각종 약물을 투여하느라 여러 개의 튜브를 주렁주렁 달고 계셨다. 죽음에 관한 책을 제법 많이 읽었던 나는 앞으로 무슨 일이 벌어질지 대충 예상할 수 있었다. 두 언니와 남동생에게 아빠에게 연명 의료를 받게 할 생각이냐고 물었다. 아빠가 자발적으로 호흡을 못하면 인공호흡기를 할지, 저 승압제와 강심제를 계속 쓸 것인지, 만약 또 심장이 멈추면 심폐소생술을 할 것인지 등등. 우리는 연명 의료는 하지 않기로 생각을 모았다.

담당의가 우리를 불러서 앞으로의 치료 계획에 대해 설명했고 우리의 동의 여부를 물었다. 우리는 의미 없는 생명 연장은 하지 않겠다고 했다. 의사가 "그래도 최선을 다해 봐야죠. 자식의 도리는 다해야 하는 것 아닌가요?"라고 짜증 섞인 목소리로 말했다. 자식의 도리라…… 최선을 다해라…… 도리를 해라……. 나는 그의 말이 우리를 향한 비아냥으로 들렸다. 좀 화가 났다. 의사가 우리에게 죄책감을 불러일으켜 자기 뜻을 관철하려고 하는 것 같았다. 물론 죽어 가는 사람을 살리려는 게 의사의 본분인 것은 알겠다. 그러나 심정지 시간이 오래 지속된 후 의식 없이 누워 계신 아빠를 살리는 게 무슨 의미가 있겠는가?

분위기가 격앙되자 다른 의사가 중재에 나섰다. 결국 의미 없는 시술이나 약물로 더 이상 아빠를 힘들게 하지 않고 보내 드리겠다는 우리 의견이 받아들여졌다. 산소마스크는 벗기지 않았지만 억지로 심장을 뛰게 만들려고 주렁주렁 달아 놓은 약물은 제거했다. 네 시간쯤 지나서 아빠는 돌아가셨다. 그때 우리의 선택은 옳았을까? 지금도 언니들과 남동생은 그때 내가 아니었으면 아빠가 지금도 식물인간 상태로 살아 계셨을지도 모른다고 말한다. 물론 나를 탓하는 게 아니라 내가 잘 판단한 거라고 하면서.

✦   ✦   ✦

오래전에 미국으로 이민 가신 시어머님은 다발성 뇌졸중과 치매로 요양원에서 2년간 계셨다. 그때 시아버님은 거의 매일 요양원으로 출퇴근하며 어머님을 돌보셨다. 지난 세월 아내에게 잘하지 못한 미안함을 그런 식으로 갚으시는 것이라고 자식들은 생각했다. 아버님은 어머님의 임종을 지키며 어머님을 잘 떠나보내셨다.

어머님이 떠나셨으니 아버님이 날개를 달고 자유롭게 지내실 줄 알았다. 하지만 웬걸, 매일 요양원에 출퇴근하며 어머님을 돌보던 일상이 사라지자 아버님은 서서히 무너지셨다. 아버님 입장에서는 일상이 사라진 것이다. 말끝마다 "빨리 네 어미 곁으로 가고 싶다"라고 하셨다. 어느 날은 진짜 정신을 놓아 버리고 다른 주(州)까지 운전해 가서는 길을 잃으셨다. 아버님을 발견한 경찰이 딸에게 연락해서 최악의 상황을 막을 수 있었다.

아버님은 돌아가시기 전에 마지막으로 한국에 다녀가고 싶다 하셨다. 여든이 훌쩍 넘은 연세에 미국에서 한국까지 장거리 여행이 걱정되기도 했지만, 마지막 소원이시라니 자식들이 들어 드릴 수밖에 없었다. 그 여행이 아버님께는 너무 힘들었던 것일까. 어느 날 큰딸네에서 낮잠을 주무시던 아버님은 아무리 깨워도 일어나시지 못했다. 당황하고 충격을 받은 큰형님이 119를 불렀다. 응급실에서 의사는 당뇨병이 있던 아버님이 저혈당 쇼크로 쓰러지신 것이라고 했다. 그런데 너무 늦게 발견한 것일까. 아버님은 쉽게 깨어나시지 못했다. 중환자실에서 9일 만에 깨어나신 아버님은 이전과는 완전히 다른 분이었다. 몸을 움직이는 데 지장은 없었지만 거기가 어디인지, 우리가 누구인지 전혀 기억하지 못하셨다. 말도 못하고 글도 읽지 못하셨다. 가끔 기억이 돌아오기도 했으나 계속 유지되지는 않았다. 이 모든 게 저혈당 쇼크로 인한 뇌 손상 때문이었다. 완전히 낯선 곳, 낯선 사람들 사이에 떨어진 어린아이가 되어 돌아오신 것이다. 그러니 어찌 불안하지 않으시겠나. 자꾸 배회하고 탈출하려는 아버님은 돌아가실 때까지 보호 병동 같은 요양 병원에서 지내셔야 했다.

✦ ✦

나보다 어린 사람을 떠나보낸 것은 후배 지혜가 처음이었다. 내가 대학 4학년일 때 신입생인 지혜를 만났다. 우리는 같은 선교단체에서 리더와 멤버로 활동했다. 지혜는 늘 듬직하고 중심이 흔들리지 않는 존경스러운 후배였다. 지혜는 꿈꾸던 첫사랑과 아름답게 결혼해서 세 딸을 낳았다. 그 후에 그토록 소망하던 선교사로 부름 받아 선교 훈련을 받으러 뉴질랜드로 떠났다. 건강하던 지혜가 대장암이 의심되어 한국으로 돌아와서 검사를 받았고 대장암 판정을 받았다. 수많은 고비를 넘기고 혼수상태에 빠졌다가 깨어나기를 반복했다. 끝까지 살고자 하는 의지가 강했고 선교지를 밟고 싶은 꿈을 놓지 않았다. 하지만 결국 남편과 어린 세 아이를 두고 눈을 감았다.

지혜를 마지막으로 만났을 때, 나는 지혜에게 작별인사를 하겠다고 했다. 지혜는 "언니, 그러지 마"라고 하며 울었다. "지혜야, 너는 이렇게 빨리 우리 곁을 떠나지만, 네 삶은 어느 누구의 삶보다 충만한 삶이었어. 이제 그만 쉬어도 돼. 잘 가, 지혜야." 우는 지혜 앞에서 나도 울먹거리며 이 땅에서의 마지막 인사를 나누었다. 지혜는 그리운 사람들을 두고 떠났지만 지금 있는 곳에서는 아프지 않을 테니 안심이 된다.

✦　✦

내 첫 번째 책 『너라는 우주를 만나』에서 나는 수현이에 관한 일화를 길게 남겼다. 남편이 지도하던 학생 수현이는 갓 스무 살이 된 애기였다(스무 살은 법적으로는 성인이지만, 자식들을 키워 보니 여전히 돌봄이 필요한 나이다). 수현이는 우리 집에 와서 밥도 먹고 밤늦게까지 자기 사는 이야기도 나눴다. 수현이가 같은 학교 학생의 차에 치여 갑작스럽게 세상을 떠난 일은 수현이의 가족이 아닌 사람들에게도 큰 충격이었다. 수현이가 그렇게 떠나자 나는 당시 저울질하고만 있던 입양 문제를 결정할 수 있었다. 누군가의 죽음이 누군가에게는 신비가 되었다.

직접 만난 적은 없지만 내게 큰 영향을 끼친 헨리 나우웬과 레이첼 헬드 에반스, 두 작가 모두 아파서 입원했다가 급작스럽게 세상을 떠났다. 작별인사를 나눌 틈도 없이 돌아가셔서 그들을 사랑한 많은 이에게 큰 슬픔이 남았다. 그래도 이제는 눈물도 아픔도 없는 곳에서 편안하실 테니 그것으로 위안을 삼는다.

2023년 2월에는 연이은 부고에 마음이 쿵 내려앉고 다리가 휘청거렸다. 섬돌향린교회 임보라 목사님과 한국입양홍보회에서 같은 입양 부모로 알게 된 고 선생님이 돌아가셨다는 소식이었다. 임 목사님이야 수많은 이들의 극진한 애도가 이어져 내가 더 보탤 말은 없다. 고 선생님은 두 아이에게 영원한 가족을 선물했다. 특히 팔에 장애가 있는 아이가 운동선수로 뛸 수 있도록 길을 찾아 주었다. 임 목사님은 나와 비슷한 또래지만 고 선생님은 심지어 나보다도 어리다. 이들은 자신의 부르심 앞에서 할 수 있는 일 이상을 하고 떠났다. 사람을 살리고, 돌보고, 편이 되어 주고, 더 나은 삶을 살 수 있도록 곁을 내어 주었다. 이들의 부고 앞에서 필멸의 존재인 나는 '어떻게 살 것인가' 나 자신에게 묻는다. 살리는 일에 목소리를 내야지, 내 자식 남의 자식 할 것 없이 잘 돌봐야지, 균형감 따윈 던져 버리고 더 약자의 편이 되어 줘야지, 곁을 내어 줘야지, 더는 망설이지 말아야지⋯⋯.

그렇다면 나의 죽음은 어떻게 맞이해야 하는가

1998년 6월 30일 6월에 들어서면서부터 심상치 않던 몸 상태가 한 달째 회복될 기미를 보이지 않는다. 극심하게 지치고 어지럽고 피곤하고 무기력하다. 이런 내 상태는 다시 정서적·영적 상태에 영향을 끼치면서 악순환 중이다. 이제 그만 살아도 되지 않을까 싶은데, 아직 내 할 일을 다 마치지 않았는지 하나님은 여전히 나를 이 땅에 남겨 두신다. 영적 거장들의 죽음이 남은 이들에게 주님의 성령을 보내는 계기가 된 것처럼, 내 죽음이 남겨진 사람들에게 사역이 될 수 있으려면 갈 길이 멀다는 것을 안다. 그런 이유 때문에 내가 더 살아야 하는 건가 보다.

1999년 11월 11일 삶이 그저 괴로움이라면, 소망 없는 괴로움의 바다라면 내가 숨을 계속 쉬어야 할 이유는 무엇일까.

내가 가진 질환들은 크고 작은 통증을 동반한다. 극심한 통증에 시달릴 때면, 죽음으로써 이 통증과 이별할 수 있을 것이라는 막연한 기대가 생긴다. 발병 이후 내게 죽음의 공포는 통증의 절박함에 비할 바가 아니었다. 통증이 두려워 아침에 눈을 뜨지 않게 해 달라고 빌고 또 빌었다. 통증이 10점 만점에 7~8점을 오르락내리락하는 상태에 이르면, 끝나지 않을 것 같은 고통 때문에 삶에 대해 그리고 이런 삶을 내버려 두시는 것 같은 하나님께 화가 났다. 환자가 되면서부터는 줄곧 '죽고 싶지 않다'가 아니라 '죽고 싶은데 어떻게 죽어야 하는가'가 내 관심사였다. 만성질환자라는 정체성이 내가 죽음을 의식하며 살도록 도와준 셈이다.

예전에 〈공주의 남자〉라는 드라마가 있었다. 조선 초기 무관인 김종서의 아들 김승유와 세조의 장녀가 사랑하는 사이였다는 민담을 모티브로 만든 퓨전 사극이다. 조선판 '로미오와 줄리엣'인 셈인데 드라마의 마지막 부분이 기억난다. 노인이 된 세조 부부가 이런 대화를 나눈다.

중전: 어젯밤에도 잠을 주무시지 못한 겁니까?
세조: (고개를 끄덕끄덕한다.)

냉혹하고 잔인한 권력자였던 세조는 김승유를 비롯한 반군에게서 살아남았지만, 자기를 죽이려는 사람들에 대한 두려움과 아이들을 잃은 슬픔 속에 잠을 이루지 못한 채 죽지 못해 살아간다. 내 생각에는 이게 가장 큰 심판인 것 같다. 이런 삶이 바로 지옥이다. 우리는 죽지 않아도 지옥을 경험할 수 있고 살아서도 천국을 누릴 수 있다. 어떻게 사느냐가 죽음의 질을 좌우한다. 어떻게 죽어야 하는가 하는 질문은 어떻게 살아야 하는가 하는 질문으로 넘어간다. 죽음은 삶과 무관하지 않다.

누구나 죽는다는 점에서 죽음은 보편적이고 비교적 공정하다. 하지만 사람이 살아가는 모습이 다양한 것만큼 죽는 모습도 다양하다. 사람들은 보통 언제 어떻게 죽을지도 모르는데 죽음을 어떻게 미리 준비하느냐고 말한다. 당장 내 눈앞에 닥친 일이 아니니까 급할 게 없다. 또한 죽음 이야기를 회피하는 사회적 분위기 때문에 죽음을 준비하라는 말이 가닿지 않는다. 나는 내가 언제 어떻게 죽을지 알 수 없으니 미리미리 준비해 두어야겠다고 생각한다. 의식이 없고 숨이 넘어가는 상황에서 죽음과 관련한 내 의견을 말할 수는 없지 않은가. 그 결과로 내가 원하지도 않은 삶을 가족에게, 기계에게 떠넘기게 될 수도 있는데 말이다.

가끔 상상하는 내 인생 최악의 시나리오 중 하나는, 원하지도 않은 연명 치료에 기대어 죽지도 살아 있지도 않은 어정쩡한 상태로 생명을 유지하게 되는 것이다. 이런 생각은 아버님이 의식을 잃고 병원에 계실 때 중환자실 면회를 다녀온 후 또렷해졌다. 아버님이 입원하신 곳은 수도권 소도시에 있는 규모가 크지 않은 2차 병원이었는데, 중환자실에 계신 환자들 대부분은 딱 보기에도 70, 80이 넘은 노인들이었다.

예전 같으면 이미 돌아가셨을 테지만 의료 기술의 발달로 살아 계신 분들일 것이다. 짧은 면회 시간에 들어갔던 중환자실의 심상과 냄새가 아직도 잊히지 않는다. 모든 병상은 한눈에 봐도 연세가 많은 어르신으로 채워져 있었다. 셀 수도 없이 많은 줄이 부착되어, 잠을 주무시는 것인지 의식이 없는 것인지 알 수 없는 분들이 의학의 도움으로 삶을 이어 가는 모습이었다. 양손이 침대에 묶인 분도 계셨다. 중환자실의 아버님을 뵙고 온 날이면 나는 악몽을 꾸었다.

이는 내 추측이 아니다. 김현아 교수가 쓴 『죽음을 배우는 시간』에 보면, "80세 이상의 중환자실 입원율은 해가 갈수록 폭발적으로 증가했는데 전체 중환자실 입원의 7.3%만이 80세 이상 환자였던 2002년에 비해 2013년에는 전체 입원의 23.1%로 10여 년 만에 300% 이상 증가했다. (중략) 중환자실 입원 빈도는 10년간 2배 가까이 증가했는데, 20~79세에서는 10년간 입원 빈도가 감소하는 경향을 띤 반면, 80세 이상의 입원율은 크게 늘었다. 촌각을 다투는 중대한 병을 앓고 있지만 치료를 받으면 온전한 삶으로 돌아갈 수 있는 환자들이 치료받아야 할 공간인 중환자실은 이미 노인들이 삶을 마감하는 장소로 급속히 전환하고 있다. 우리나라는 OECD 회원국 중 중환자실 병상이 가장 많은 나라임에도 불구하고 항상 중환자실 자원이 부족하다고 호소하는 지경에 이르렀다"라고 한다.

그렇게 연명하며 살아 있는 시간을 늘리고 싶지 않다. 나이가 많아 떠나든 투병을 하다 떠나든, 어느 시점에서 가족은 사랑하는 이의 죽음을 인정하고 놓아드려야 한다. 그런데 이 나라에서는 이별의 아쉬움을 나누는 시간마저 사치라 여겨질 만큼 예기치 못한 사건, 사고가 많으니 병으로 죽는 게 그나마 나은 것인지도 모르겠다. 오죽했으면 '우리, 자연사하자'라는 노래까지 나왔을까. 내 뜻이 분명하지 않다면 가족이나 의료 기관은 연명을 기본값으로 놓고 움직일 게 자명하다. 그래서 의식이 있을 때 가족들에게 "나는 무의미한 연명 치료는 원하지 않는다"라는 점을 수시로 분명히 일러 놓자고 마음먹었다.

하지만 일단 병원에 들어가면 나나 가족의 의견은 잘 받아들여지지 않는다. 병원이라는 곳은 어떻게든 살려야 하는 곳이니 살려 놓게 된다. 우리 아빠의 경우처럼. 살리는 것과 무의미하게 생명을 연장하는 것은 다른데 말이다. 그렇다고 의사들이 손 놓고 가만있을 수는 없지 않겠나. 이 지점이 딜레마다.

의학적 도움으로 위험한 시기를 넘기고 일상으로 돌아오는 것은 옳고도 아름다운 일이다. 하지만 언젠가 우리 모두는 그만 멈추어야 할 때가 온다. 어떤 과학자들은 인간이 노화를 극복하고 죽지 않을 수 있도록 연구하는 모양이다. 미래의 언젠가 그런 꿈이 이루어질지도 모른다. 나는 그런

미래를 꿈꾸지도 기대하지도 기다리지도 않는다. 모든 생물은 다음 세대에게 자리를 내어 주고 떠나는 게 순리라고 믿는다. 우리는 결코 죽음을 이길 수 없다. 노화와 죽음은 치료해야 할 질병이 아니다. 늙고 죽는 것은 피조물의 운명이다.

나는 내가 어떤 상황에 닥쳤을 때 내 생명을 '구명'하는 조치는 환영하지만 '연명'하는 삶은 반대한다. 그래서 나는 이렇게 정신이 멀쩡할 때 내가 원하는 치료는 무엇이고 원하지 않는 치료는 무엇인지 작성해서 가족들에게 알리려고 한다.

2015년에 개봉한 〈라우더 댄 밤즈〉(Louder Than Bombs)라는 영화가 있다. 유명한 종군 사진작가였던 이사벨은 은퇴 후에 갑작스러운 자동차 사고로 세상을 떠난다. 이사벨이 종군기자라는 대의를 좇는 동안 남편과 두 아들은 아내와 엄마의 부재를 받아들이며 살았다. 이사벨이 사망하고 3년 뒤 가족들은 이사벨을 기리는 출판 기념회를 준비한다. 그때 이사벨의 숨겨진 비밀이 드러난다. 그녀가 사망한 표면적 원인은 자동차 사고였지만 실제 원인은 그녀 스스로 죽음을 선택한 것이었다. 게다가 이사벨이 또 다른 종군기자와 오랫동안 불륜 관계를 유지해 온 사실도 드러난다.

남편과 두 아들 모두 혼란스러워한다. 이사벨의 공적인 삶을 위해 남편으로서, 자식으로서 그토록 희생했건만 아내가, 엄마가 이런 선택을 하다니! 가족들은 그녀에 대한 심각한 배신감에 흔들린다. 이사벨은 남편과 두 아들에게 자신이 경험한 폭력보다도 큰 폭격을 가하고 떠났다. 영화를 보고 나서 결심했다. 내가 죽은 후 남은 가족이 풀어야 할 숙제가 너무 많고 무겁지 않도록 가볍고 정직하게 살자. 물리적·정서적 쓰레기는 그때그때 잘 치우고 살자.

사전연명의료의향서와 유언장

2023년 연말에 자가면역성 간염으로 입원했다. 당시 나는 매우 위험한 상태였지만 임종을 앞둔 환자는 분명 아니었다. 그런데 만약 어떤 이유에서든 내 심장이 멈춘다면 나는 단연코 심폐소생술을 원하지 않는다. 인공호흡기나 기도삽관도 원하지 않고, 입으로 먹지 못할 때 콧줄로 영양 공급을 받고 싶지도 않다. 나는 너무 오래 아팠고 충분히 살았다고 생각한다. 자, 그렇다면 실제로 어떻게 해야 할까? 어떻게 해야 의료진과 가족이 나를 죽도록 내버려 둘 수 있을까?

남편에게는 지속적으로, 가랑비에 옷 젖듯이 계속해서 내 의향을 얘기했다. 남편이나 아이들에게는 가혹한 얘기일 수 있겠지만, 나는 내게 최선의 결정을 하고 싶다. 류마티스 내과 선생님에게도 이런 내 뜻을 말씀드렸다. 물론 선생님은 대부분의 사람처럼 "아유, 자꾸 왜 이러세요~"라며 어색한 분위기를 피해 가셨지만 말이다.

죽음을 준비한다고 했을 때 가장 먼저 해야 할 일은 '사전연명의료의향서'를 작성하는 것이었다. 코로나가 한창 기승을 부릴 때 엄마를 모시고 국민건강보험공단 지역사무실에 찾아가서 의향서를 작성했다. 엄마와는 죽음에 관한 이야기를 종종 나누곤 했던 터라 공식적인 문서로 연명을 거부하는 엄마와 나의 뜻을 남기고 싶었다. 지금 내 지갑 속에는 절차를 마치고 관련 기관에서 보내온 '사전연명의료의향서 등록증'이 들어 있다.

사전연명의료의향서란 이름 그대로 연명 의료에 대한 나의 의향을 남기는 문서다. 아무 치료도 받지 않겠다는 말이 아니다. 연명 의료는 임종 과정에 있는 환자가 대상이다. 회생의 가능성이 없고, 치료에도 불구하고 회복되지 않으며, 급속도로 증상이 악화되어 사망에 임박한 상태라고 담당 의사와 해당 분야의 전문의 1명이 판단을 내린 사람을 말한다. 이런 환자가 자신의 의사 결정 능력이 상실되었을 경우를 대비하여, 건강할 때 무의미한 연명 의료 및 호스피스에 대한 의향을 서면으로 남겨 놓는 것을 말한다. 좋은 죽음, 존엄한 죽음을 맞이하기 위한 첫 번째 준비이며, 생의 마지막 단계에 자신의 의사에 따라 인간으로서의 존엄성을 유지하고 품위 있는 죽음을 받아들이고자 하는 준비인 것이다(대한웰다잉협회 홈페이지 참조).

여기서 연명 의료를 하지 않겠다는 항목은 총 8가지다. 임종 과정에서 '심폐소생술, 혈액투석, 항암제 투여, 인공호흡기 착용, 체외생명유지술, 수혈, 혈압상승제 투여, 그리고 담당 의사가 의학적으로 판단하는 연명을 위한 치료'를 받지 않겠다는 뜻이다. 기존에는 앞의 4가지만 해당됐지만, '호스피스·완화의료 및 임종과정에 있는 환자의 연명의료결정에 관한 법률 시행령'이 개정되면서 뒤의 4가지가 추가되었다. 체외생명유지술은 "심각한 호흡부전·순환부전 시 체외순환을 통해 심폐기능 유지를 도와주는" 치료로서, 우리가 코로나 시국에 많이 들어 본 에크모라는 장치를 이용하는 시술을 포괄하는 개념이다.

이 의향서는 '연명의료결정법 시행령'에 근거한 법적 문서이지만 현장에서 강제성을 행사하기 어려운 점이 있다. 물론 의향서를 작성한 당사자는 언제든 의향을 철회하거나 수정할 수 있다. 그런데 현실에서는 가족(19세 이상의 성인으로 배우자, 직계 존비속 우선)의 동의가 없으면 실행되기가 쉽지 않다. 따라서 의식이 없는 환자 대신 가족과 의료진이 어떤 결정을 내려야 할 때 이 의향서는 당사자의 뜻을 알리는 매우 중요한 역할을 한다.

2023년까지 우리나라에 이 의향서를 작성한 사람이 200만 명이 넘는다고 한다. 여전히 의향서에 대해 전혀 알지 못하는 사람도 많다. 말기 환자들 중에서도 호스피스 이용률이 낮은 게 우리나라의 분위기와 현실인데, 의향서를 작성하는 게 안락사를 허용하자는 말이라고 오해하는 사람들도 있다. 사전연명의료의향서는 안락사와는 전혀 상관없을뿐더러 존엄하고 품위 있게 죽음을 맞이하게 하자는 의미로 '존엄사'를 위한 필수 과정이다.

다음으로는 사후 유족에게 내 뜻을 남기는 일, 즉 유언장 작성이 있다. 유언은 유족에게 앞으로 살아가는 데 필요한 지침이나 교훈이 된다. 문제는 재산에 관한 유언에서 자주 발생한다. 이때는 강제력이 필요할 수도 있다. 유언을 따르지 않을 경우 갈등이 생길 수도 있기 때문이다.

민법이 정한 유언 방식으로는 '자필증서, 녹음, 공정증서, 구수증서, 비밀증서'가 있다. 이 중에서 가장 많이 쓰이는 방식은 자필증서, 공정증서 유언이다. 자필증서 방식은 말 그대로 유언자가 직접 자필로 유언장을 작성한다. 손쉽게 누구나 쓸 수 있어서 가장 널리 이용된다. 그런데 법적 효력을 인정받으려면 유언 내용과 작성 연월일, 주소, 이름을 직접 날인해야 한다. 컴퓨터로 작성하거나 복사한 것은 인정되지 않는다. 녹음은 유언자가 유언의 취지, 성명과 연월일을 녹음 장치를 이용해 녹음하고 증인 1명이 유언의 정확함과 본인 성명을 말한다. 공정증서 방식은 유언자와 증인 2명이 참여해서 유언의 시작부터 증서를 작성하는 모든 과정에 참여한다. 공증인(공증에 관한 직무를 수행할 수 있도록 법무부장관으로부터 임명을 받은 사람) 앞에서 유언하고 공증인이 필기한다. 그런 다음 유언자와 증인이 정확함을 승인하고 각자 서명한다. 구수증서에 의한 유언은 급박한 사유, 예를 들어 위독해서 사망이 가까운 경우, 다른 방식을 사용하기 어려운 때에 가능한 방식이다. 죽을 때까지 유언의 내용을 비밀로 하고 싶다면 비밀증서에 의한 유언을 할 수 있다.

내 노트북 바탕 화면에는 '엔딩 노트'라는 문서가 깔려 있다. 유명한 고레에다 히로카즈 감독이 제작하고 마미 스나다가 감독을 맡은 일본 다큐멘터리 영화의 제목이기도 하다. 감독이 말기 암 판정을 받은 자신의 아버지를 직접 촬영했는데, 다큐멘터리 속 아버지는 얼마 남지 않은 자신의 삶을 꼼꼼하게 정리해 나간다.

나는 죽은 후 자식들에게 물려줄 재산이 많지도 않을 테고, 그렇기에 재산으로 인해 딸들 간에 분쟁이 생길 일도 없을 테니 법적 효력을 위한 유언장 작성은 필요 없을 것 같다. 그래서 엔딩 노트에 이것저것 채워 나가고 있다. 일단 임종 과정에서 연명 의료를 하지 않겠다는 의향을 적었고, 되도록 집에서 죽고 싶다는 뜻도 밝혔다. 임종 때 통증 관리를 잘해 달라고 부탁했다. 얼마 되지는 않으나 재산 중 일부를 어디에 기부하겠다는 의사도 적었다. 남편과 딸들에게 미안했고 고마웠고 사랑한다는 말도 남겼다. 앞으로 내가 시신 기증을 서약한다면 장례 절차에 대해서도 적어 놓을 것이고, 장례식장에 오신 조문객들에게 내가 차린 밥상처럼 소박하지만 정갈하게 음식을 대접하라고 당부해 놓아야겠다.

자연사, 존엄사, 의사조력자살

자연사는 고령으로 인해 조직과 기관에 변화가 일어나 신체의 생활력이 자연히 쇠퇴해 사망하는 경우를 말한다. 쇠약해진 노인이 사망하는 맨 마지막 과정은 보통 이렇다. 나이가 들면 근력이 약해지고, 근력이 약해지면 활동력이 떨어진다. 활동을 하지 않으니 입맛도 밥맛도 없다. 먹는 게 부실하니 영양실조나 탈수에 의해 장기 기능도 떨어진다. 씹고 삼키는 근력도 약해진다. 그러다 보니 밥을 먹다가 사레가 들리고 심해지면 흡인성 폐렴으로 악화된다. 그게 사망으로 이어진다. 어르신들이 지병이 악화되어 돌아가시기보다 폐렴으로 돌아가시는 경우를 종종 보았다. 이 모든 과정을 질병으로 다루어 치료해야 한다고 보는 게 일반적인 의료 시스템이다.

친할머니와 외할머니는 각자 병이 있었지만 연명 치료를 받지 않고 집에서 돌아가셨다. 죽음 가까이에 이르렀을 때는 곡기를 끊으셨다. 엄마의 말에 의하면, 예전에 시골 어르신들 중에는 곡기를 끊고 집에서 돌아가시는 경우가 아주 흔했다고 한다. 교수이자 작가이며 반전 운동가였던 스콧 니어링도 생의 후반기에 자연 속에서 살다가 곡기를 끊고 영면을 택했다. 그는 100세까지 장수했고, 그의 곁에는 그를 잘 이해하고 존중하는 아내 헬렌이 있었기에 이런 죽음이 가능하지 않았을까 싶다.

지금 우리나라 사람 열 명 중 여덟아홉은 병원에서 죽는다. 임종이 가까우면, 집에서 죽고 싶은 당사자의 뜻과는 상관없이 병원에 입원시킨다. 일단 병원에 들어가면 의사의 지시에 따를 수밖에 없다. 병원에서 통증 관리만 해 준다면 참 좋겠는데, 2024년 말 현재 우리나라 법에 따르면 병원에서 환자에게 물과 영양분을 꼭 공급해야만 한다. 당사자와 가족의 의지가 강하지 않으면 자연스럽게 연명 치료가 뒤따르게 된다. 의료 기술의 발달로 자연사를 막는 일이 벌어지고 있다.

　요즘 기사나 책을 읽다 보면 '자연사, 존엄사, 조력존엄사, 소극적 안락사, 적극적 안락사, 의사조력자살' 같은 개념들이 마구 혼재한 상태임을 발견한다. 늙어서 쇠약해지고 죽는 것은 아주 당연한 일이다. 죽음은 누구도 피해 갈 수 없는 피조물의 조건이다. 이상할 게 하나도 없다. 아주 자연스러운 현상이다. 다만, 살아 있는 동안 덜 불편하고 덜 고통스럽도록 도와줌으로써 삶의 질을 어느 정도 유지해 주는 게 의학의 역할이다. 떠나야 할 때 품위 있게 떠날 수 있도록 '사전연명의료의향서'가 한몫을 할 수 있을 것이다. 자연스럽고 존엄하게!

　2022년 6월, 국내 최초로 '조력존엄사법'이 발의되었다. 극심한 고통을 겪는 말기 환자가 희망할 경우 의사가 약물 등을 제공해 스스로 삶을 마칠 수 있도록 돕는 목적의 법이다. 그다음 해에는 조력존엄사를 독립된 법안으로 정의하고 이행에 필요한 사항들을 명확히 규정해 제정법으로 재발의했다. 특히 제정법률안은 국회법상 상임위원회에서 공청회를 열어 논의해야 하기 때문에 입법부 차원의 논의가 한층 더 심화될 것으로 기대했다. 이름이 조력존엄사이지만, 사실은 현행법상 금지된 '적극적 안락사'를 일컫는다. 법안이 발의되긴 했지만 워낙 찬반양론이 뜨거운 사안이다. 법을 발의한 안규백 의원은 일반인의 82%가 조력존엄사 도입에 찬성했다고 하면서 22대 국회에서는 꼭 통과될 수 있도록 하겠다고 말했다.

그런데 임종 단계에 있는 말기 환자는 아니지만 회복될 가망 없이 통증이 지속되는 환자의 경우는 어떨까? 2023년 12월에 조력 사망을 허용하는 입법을 촉구하며 헌법 소원을 낸 사람의 사연이 기사화되었다. 기사의 주인공은 치료를 위한 주사를 맞은 후 척수염 환자가 되었고 다리가 마비되었는데도 끊임없는 통증에 시달린다는 사연이었다. 배변 활동을 할 수 없어서 딸이 직장까지 그만두고 아버지의 수발을 도맡고 있다고 했다. 그래서 그는 끝없는 고통 속에 딸의 인생을 담보로 살아갈 바에야 합법적인 테두리 안에서 삶을 마무리하고 싶다고 했다. 그와는 비교할 수도 없겠지만 지난한 통증 속에서 살아온 나 역시 그의 심정이 십분 이해가 간다.

그러나 아직 '존엄한 죽음'에 대한 논의가 활발하지도 않은데 자칫 존엄사 이야기가 갑자기 적극적 안락사로 튈까 봐 걱정하는 목소리도 크다. 존엄하게 살 권리를 보장받기 위해 더 많은 노력을 기울이기보단 적극적 안락사를 선택하도록 경제적·사회적 취약 계층이 강요당하지 않을까 걱정되는 게 사실이다.

외국인에게도 안락사를 허용하는 스위스로 한국인들이 떠난다는 기사가 나오기도 했다. 2016년부터 최근까지 스위스에서 조력 사망한 한국인이 10명이라고 한다. 그리고 300여 명에 달하는 한국인이 조력 사망을 신청하기 위해 스위스 조력 사망 지원 단체에 가입했다. 한국인 가입자의 수는 4년 만에 3배가량 늘어났다.

캐나다는 세계에서 높은 안락사율을 기록하는 나라다. 전체 사망자의 4.1%가 의사의 도움을 받아 생을 마감한다고 한다. 2016년에 제정된 법률은 조력 사망을 합법화했는데, 처음에는 말기 환자만을 대상으로 했다. 그런데 18세 이상의 사람들이 특정 조건, 즉 진행 중이며 돌이킬 수 없게 쇠퇴하는 심각한 상태, 질병 또는 장애가 있고 완화될 수 없고 참을 수 없는 신체적·정신적 고통을 견디는 경우, 안락사 및 조력 자살을 모두 허용하자는 쪽으로 확장되었다. 그러면서 법과 윤리 사이에 충돌이 발생했고, 그 법으로 인한 사망자는 급증했다. 심지어 정신 건강 상태로 고통받는 사람과 잠재적으로 미성년자까지 이 법의 적용 대상이 될 수 있도록 하자는 논의도 진행 중이니 안팎으로 우려가 크다고 한다.

만성질환자인 나 하나만 생각한다면, 캐나다처럼 하는 게 환자 본인의 행복을 보장하는 길이 아닐까 싶기도 하다. 생명의 소중함, 살아 있음의 가치를 무시하자는 것은 아니다. 다만 '사람이 살아 있다'는 것을 어떻게 정의할 것인가, 이런 예민하고도 미묘한 숙제가 남아 있다고 생각한다.

아버님이 의식을 잃고 쓰러지신 후 우리 가족은 하루라도 빨리 깨어나시길 바랐다. 제대로 작별인사도 나누지 못한 채 아버님을 떠나보낼 수는 없었다. 중환자실에 계시는 환자들의 가족 역시 어르신의 연세가 많든 적든 상관없이 연명치료에 기대서라도 하루라도 더 살아 계시길 바랐을 것이다. 내가 그런 가족들의 선택을 판단할 자격도 없거니와 그럴 의도도 전혀 없다. 다만 나는 그렇게 살아 있고 싶지 않다. 나는 이제 통증을 견디는 게 지겹고, 똥오줌을 제3자 특히 가족에게 짐 지우는 게 끔찍하게 싫고, 자율성과 결정권을 박탈당한 채 수동적인 존재로 살아가는 게 상상만으로도 싫다.

나도 안다, 내 내면에 모순이 있다는 것을. 인정한다. 절대적으로 타인의 돌봄이 필요한 상태로 태어나거나 중간에 장애나 병을 안고 살아가는 사람들도 있다. 그런 분들의 삶이 무의미하다거나 본인과 가족에게 고통뿐이라고 말하는 것은 아니다. 나는 그렇게, 그런 상태로 살고 싶지 않다는 뜻이다. 왜 너만 그런 운명이면 안 된다고 생각하느냐, 순명하겠다고 하지 않았느냐고 묻는다면 할 말이 없긴 하다. 의존적인 존재가 되기를 꺼리는 나의 속마음에는 자만심이나 자의식 과잉 같은 내면의 문제가 자리 잡은 것일지도 모른다.

이 주제는 여러 가지 논란을 불러일으킬 수 있다. 글을 쓰기가 몹시 어렵다. 이처럼 어려운 주제이니 우리가 좀 더 죽음을 배우고 죽음에 대해 이야기하면 좋겠다. 죽음에 관한 책을 한 권만 추천하라면, 서울대 윤영호 교수님이 쓰신 『나는 품위 있게 죽고 싶다』를 권한다. 관점도 깊이 있고, 유익한 정보도 많고, 우리나라 현실도 잘 보여 주어 현실적인 도움을 받을 수 있는 책이다.

장기 기증, 시신 기증

내 지갑 속에는 사랑의장기기증운동본부에서 발행한 '사랑의장기기증 등록증'이 들어 있다. 2009년에 이 기관에서 당시 출석하던 교회에 장기 기증을 알리러 왔고, 그때 나도 장기 기증을 서약했다. 내 신분증에는 '장기 기증', '각막 기증'이라고 쓰인 작은 스티커가 붙어 있다. 만성질환자인 나는 살아 있을 때 장기 기증을 하기란 무리겠지만, 죽은 후 내 몸의 일부가 다른 사람의 삶을 살리는 데 쓰일 수 있다면 얼마나 좋은 일인가 하는 생각에 기증을 서약했다.

장기 기증이란 다른 사람의 장기가 기능을 회복할 수 있도록 대가 없이 자신의 장기를 제공하는 것을 말한다. 법률에 따라 살아 있는 사람은 자신의 장기 중 신장 하나 또는 간장, 골수, 췌장, 췌도, 소장의 일부를 기증할 수 있다. 특히 신장이 모두 망가져 투석 치료를 받으며 힘겹게 살아가는 만성신부전환자를 위해 신장 두 개 중 하나를 기증하는 행위는 매우 고귀한 결단이다. 아는 언니는 큰동서에게 신장을 기증했다. 혈연관계가 아닌데도 신장을 기증하는 분도 있고, 가족 간 신장 이식을 진행하려고 했으나 혈액형 또는 교차반응 검사 결과의 부적합으로 인해 이식을 진행할 수 없어서, 환자인 가족이 타인의 장기를 이식받는 조건으로 신장을 기증하는 분도 있다.

뇌사자는 생의 마지막 순간에 각막, 폐, 신장, 심장, 간, 췌장 등 9명의 생명을 살릴 수 있다. 뇌사(brain death)란 대뇌, 소뇌, 뇌간의 모든 기능이 정지되어 회복할 수 없는 상태를 말한다. 이때 인공호흡기를 부착하면 심장의 자가 박동 능력에 의해 일정 기간 생명을 유지할 수는 있지만, 어떠한 치료를 하더라도 며칠, 길어야 두 주 안에 심장이 정지하여 사망한다. 이 기간 안에 가족들이 장기 기증 의사를 밝히면 뇌사 판정을 받고 장기를 기증하게 된다. 대뇌의 일부가 손상되어 무의식 상태에 있지만 자발적 호흡이 가능한 식물인간 상태는 장기 기증 대상이 될 수 없다.

사망자는 각막을 기증할 수 있다. 눈동자 앞에 있는 얇은 각막이 손상되어 앞을 보지 못하는 시각 장애인들에게 희망의 빛을 선물하는 아름다운 나눔이다. 기증된 각막만 있으면 수술을 통해서 몇 주 안에 시력을 회복할 수 있다. 생후 6개월에서 80세까지, 건강했던 분으로 각종 전염성 질환만 없으면 근시, 원시, 난시, 색맹과 상관없이 기증할 수 있다. 각막 기증은 반드시 사후에만 가능하며, 사후 열두 시간 이내에 각막을 적출해야 한다.

'인체 조직 기증'은 아직 활성화되지 않아 수입에 의존하고 있지만, 뇌사 또는 사망 후 인체 조직 기증을 통해 시각 장애, 화상 등 각종 질병으로 고통받는 이들에게 새로운 삶을 선물할 수 있다고 한다. 14세부터 80세까지 누구나 가능하지만 기증자의 건강 상태와 의료인의 판단에 따라 기증 가능 나이는 조정될 수 있다. 생전에 기증 희망 등록을 했더라도 기증 적합성 검사 결과 부적합 판정 시에는 기증할 수 없으며, 이러한 제외 기준은 이식을 받는 환자의 안전을 위해서 중요하다.

✦　✦

내가 장기 기증을 서약할 때 친정엄마도 같이 하셨다. 그런데 지난여름에 엄마가 내게 '시신 기증'에 대해 알아보라고 하셨다. 엄마의 사촌동생이 시신 기증을 하셨다면서 엄마도 뜻이 있다고 하셨다. 사후에 어차피 화장될 텐데 의사들을 위한 교육에 쓰이는 게 더 낫지 않겠냐는 게 엄마의 뜻이었다. 나 역시 엄마의 의견에 동의하고 존중했기에 적극적으로 정보를 알아보기 시작했다.

시신 기증은 사후에 자신의 몸을 의학 교육과 연구에 사용할 수 있도록 아무런 조건 없이 의과대학에 기증하는 행위이다. 대부분의 의과대학이 시신 기증 절차를 진행하고 있다. 나는 여러 의과대학 홈페이지에 들어가서 시신 기증 절차를 알아보았고, 엄마가 사시는 지역에서 가장 가까운 대학에 문의해 필요한 서류들을 받았다.

시신 기증을 위해 대학의 소정 양식을 따라 기증인의 유언서를 본인이 작성해야 한다. 기증인의 가족이 반드시 동의해야 한다. 배우자나 자녀가 없는 경우 형제까지 가능하다고 한다. 기증인과 동의한 사람들이 가족 관계인지 확인해 줄 가족관계증명서도 제출해야 한다. 모든 서류를 접수하면 등록증을 발급해서 보내준다. 우리 엄마의 경우, 네 명의 자녀가 모두 동의한다는 서명을 했다. 그 과정에서 네 명의 생각이 똑같았던 것은 아니다. 적극적 찬성부터 적극적 반대까지, 생각이 다양했다. 우리는 각자 생각할 시간을 가졌고, 엄마의 뜻을 존중해 드리기로 의견을 모았다.

기증 서약인이 사망하면 사망진단서를 발급받은 후 대학이 정한 담당 부서에 전화하면 고인을 모시러 온다. 유가족은 시신 없이 장례를 치르게 되니 입관이나 화장 절차가 없다. 이후 대학에서 1~3년의 교육 기간이 끝난 후 화장을 해서 유가족에게 분골을 전하는 것으로 과정이 마무리된다. 나는 내가 그간 가장 많은 시간을 보낸 대학병원에 시신 기증을 하려고 서류들을 받아 놓았다.

이별과 애도

아버지가 돌아가시고 장례식장에 아버지를 모시고 나니, 그때부터는 선택과 결정의 연속이었다. 빈소의 크기를 택해야 했다. 수의와 관을 선택해야 했고, 빈소를 장식할 꽃의 종류와 모양도 정해야 했고, 화장할 것인지 매장할 것인지, 납골묘를 알아봐야 했고, 유골함도 골라야 했다. 조문객에게 대접할 식사 메뉴도 정해야 했다. 슬퍼할 겨를 없이 각종 선택이 몰아쳤다. 모든 선택에는 돈이 늘 따라다녔고 게다가 철저히 자본주의 논리에 의해 작동되었다. 누군가는 정신을 똑바로 차려야 했다. 그게 나였다.

　　장례식장에는 세 가지 수의가 준비되어 있었다. 나일론이 약간 섞였다는 제일 싼 수의는 17만 원, 저마는 47만 원, 대마는 아예 가격을 알려 주지도 권하지도 않았다. 막상 입관할 때 보았던 아버지의 수의가 17만 원짜리인지 47만 원짜리인지 나는 구별할 수가 없었다.

　　납골당도 가격대가 다양했다. 마치 아파트 가격처럼 로열층이라고 불리는, 사람들의 시선과 가까운 쪽은 더욱 비쌌다. 죽고 나서도 돈과 절대 무관할 수 없는 게 현대 인간의 운명이었다. 여러 논의 끝에 큰집 종손 사촌오빠의 제안대로 아버지의 유골을 선산에 뿌렸다. 나의 증조부모와 조부모의 분봉 위에 아버지를 고이 뿌려 드렸다. 그렇게 아버지는 당신의 부모 곁으로, 처음 이 땅에 존재하게 해 주신 분들에게로 돌아가셨다. 결국 이렇게 재로 돌아갈 뿐인 것을 아버지는 뭘 그리 애태우면서 전전긍긍 아등바등 사셨나 싶다.

그 후 아버지는 내 꿈에 두 번 나타나셨다. 첫 번째 꿈에서는 회색 양복에 하얀색 와이셔츠를 입고 넥타이까지 매고 계셨다. 살아 계실 때는 보기 드문 복장이었다. 양복은 새 옷인지 주름 하나 없었고 사각사각 소리까지 날 법한 가볍고 시원해 보이는 옷이었다. 무슨 상황인지는 몰라도 아버지는 많은 사람에게 둘러싸여 덩실덩실 춤을 추셨다. 한 번도 본 적 없는 순한 웃음도 보여 주셨다. 두 번째 꿈에서도 환한 웃음을 짓고 나타나셨다. 나를 비롯한 가족과의 관계도 개선하지 못하고, 사과도 안 하고, 잘 가시라 작별인사도 못했는데…… 그곳에서는 잘 계신 것 같아 마음이 좋았다.

2016년 2월 29일 꼬리에 꼬리를 무는 독서. 이번에는 죽음과 관련된 중요한 과제, '애도'다. 왕은철의 『애도 예찬』, 김형경의 『좋은 이별』, 텐도 아라타의 『애도하는 사람』. 애도는 누군가의 죽음을 슬퍼하고 안타까워하는 일이다.

우리가 어떤 대상을 사랑하고 있을 때 그에 대한 애도도 이미 시작된 것이라고 데리다는 말했단다. 애도는 끝없이 계속되는 것이고 애도는 실패해야 성공한 것이라고 한다. 상실의 아픔은 잘 애도함으로 치료할 수 있고 잘 떠나보내는 일을 통해 개인적으로 변화하고 성장할 수 있단다.

사랑과 이별이 한 짝으로 존재하는 인간 운명의 한계 속에서 애도는 피할 수 없는 숙제인데, 어떻게 하는 게 좋은 이별인지, 애도를 잘하려면 어떻게 해야 좋을지 이 세 권의 책을 통해 배울 수 있다. 이 책들을 읽으면서, 그게 결별이든 죽음이든 내겐 잘 이별하지 못한, 맘껏 슬퍼하고 안타까워하지 못한 마음의 짐이 많다는 것을 알았다.

내가 왜 나를 배신하고 상처를 입힌 사람과의 이별(들)에도 쿨한 척했는지, 시부모님은 말할 것도 없고 친정아빠의 죽음 앞에서도 슬퍼하거나 안타까워하지 않았는지 혹은 못했는지…… 하나하나 반추하며 애도해야 할 숙제는 남겨둔 채 그냥 책을 덮었다. 애도하는 과정이 너무 힘들까 봐 두려워서 그렇기도 하고, 그렇게 할 에너지가 없어서이기도 한 것 같다. 어쩌면 이 애도의 숙제를 풀어 가야 내 영혼이 더 자유로워질 수 있을지 모른다. 같이 읽고 나눔을 할 벗들이 있다면 시도해 볼 수 있을까.

산울림의 '청춘'이 배경음악으로 흐르고 있다.

친정아버지와 시부모님이 생각났어요. 돌아가실 때까
지도 결국 풀리지 않은, 풀지 못한 마음의 짐을 가지고
있던 분들입니다. 저는 이 세 분에게 제대로 인정받지
못했어요. 그분들은 저를 제대로 사랑해 주지도 않으셨
고요. 아쉬움이 많지만, 혹시 천국에서 마주치게 되더라
도 적당한 거리를 유지하고 싶어요. 부디 잘 지내세요.

2021년 8월 2일 지난주 금요일 저녁, 정신실 작가님의 『슬
픔을 쓰는 일』 북토크에 참여했다. 상실, 고통, 죽음 등
과 같은 우울한(?) 주제를 좋아하는 나에겐 무척 의미
있는 시간이었다.

작가님은 삶은 상실의 연속이고, 상실의 공간이 구
원의 공간이요 창의성의 공간이라고 말씀하셨다. 그러
면서 북토크의 후반 십여 분을 참가자들이 글을 쓰는 시
간으로 배정하셨다. 작가님이 상실과 관련한 몇 가지 글
감을 제시하셨고, 참가자들은 각자 선택한 글감을 가지
고 글을 쓰는 시간을 가졌다.

내가 선택한 글감은 '잃어버린 것 중에 가장 아까운
것'이다. 이 문장을 보자마자 떠오른 것은, 내가 잃어버

린 것 중에 가장 아까운 것은 '기타 치는 능력'이다. 다음은 그날 10분 동안 두서없이 쓴 글이다.

그리운 나의 열 손가락 부모님은 내게 열 개의 예쁜 손가락을 주셨다. 그 손가락으로 밥을 먹고, 필기를 하고, 책장을 넘기고, 악기를 연주했다. 어느 날인가부터 손가락마디마디가 붓고 열이 나고 쑤셨다. 손가락에서부터 시작한 통증은 온몸으로 퍼져 나갔는데, 손가락이 아픈 것은 일상생활에 치명적이었다. 옷을 입고, 단추를 잠그고 풀고, 벨트를 매고, 병따개를 따고, 설거지를 하는 일상의 사소한 거의 모든 일에 지장이 생겼다. 누구의 도움도 필요 없이 잘하던 일들을 할 수 없게 되었다. 가장 아쉬운 것은 더는 기타를 칠 수 없게 되었다는 것이다.

내가 중학교 1학년 때 회사에 취직한 큰언니가 기타를 사 왔다. 기타 학원에 다녀도 잘 치지 못하는 큰언니와 달리 나는 혼자 연주하는 법을 익혔다. 노래를 제법 잘 불렀던 나는 종종 학교와 교회에서 기타 치고 노래 부르며 무대에 섰다.

처음엔 손가락이 붓고 아파서 기타 치기가 힘들었는데, 결국에는 열 손가락이 모두 뒤틀리고 휘어졌다. 이제 더 이상 C코드도 잡을 수 없다. 잃어버린 것 중에 가장 아까운 것은, 기타 치던 나의 열 손가락이다.

2022년 7월 4일 『슬픔의 노래』. 저자 앤 윔즈는 사고로 스무 살 된 아들 토드를 잃었다. 이 책은 자식 잃은 엄마가 부르는 슬픔의 노래로, 전부 50편의 시로 구성되었다. 나는 처음에는 눈으로 읽다가 나중에는 천천히 낭독하며 읽어 내려갔다. 저자는 자신의 슬픔과 외로움, 절망과 막막함, 그리고 분노와 서러움을 하나님 앞에 다 쏟아놓는다. 푸념하고 징징댄다. 그렇게 말할 수 있는 저자가 난 그저 신기하기만 했다. 왜냐하면 관계에서 실망하면 나는 등을 돌린다. 더는 말을 걸지 않는다. 그러니 관계에 진전이 없고, 심한 경우엔 관계가 끊어진다. 나의 문제는 빠르게 실망하는 데 있다. 빠르게 기대를 접고 불행을 예측하는 나의 시나리오에 다시 한 표를 던진다. 더는 실망하고 싶지 않아서 그렇다.

저자는 하나님께 기대가 있다. 하나님은 다 아신다는 기대. 하나님은 능력이 있으시다는 기대. 기대가 많으면 관계가 깨질 수 있지만 기대가 있는 게 진정한 관계다. 저자는 하나님이 자신의 기대를 깨뜨린 사실에 대해 저항한다.

주는 어디에 계셨나이까?
왜 주께서는 막아 주지 아니하셨나이까?" (46쪽)

이해할 수 없는 고통의 문제에 대해 인류는 늘 이렇게 항변해 왔다. 저자를 비롯해 모든 신앙의 선배들은 하나 님께 소리 지른 후 종국에 언제나 이렇게 말한다.

하나님이여,
나는 이 모든 것을 이해하지 못하겠나이다.
이해를 넘어서는 주의 평안을 내게 주소서. **(43쪽)**

읽는 내내 세월호 엄마들이 떠올랐다. 그녀들의 자리에 서서 시를 읽자니 저자의 한 마디, 한 구절이 마음에 콕 콕 박힌다. 역자는 원래 이 책을 세월호 1주기 때 출간하고 싶어 했다고 한다. 이러저러한 사연을 거쳐 이제야 세상 빛을 본 책이다. 나는 몇 분의 세월호 엄마들, 지금 고통의 자리에 붙잡힌 지인들께 이 책을 선물했다. 사망의 음침한 골짜기에 빠진 기분이 들거든, 이 책을 낭독해 보시라. 낭독만으로도 회복의 에너지를 얻을 수 있을 것이다. 월터 브루그만의 서문은 이 책을 포함, '시'를 이해할 수 있게 돕는 훌륭한 안내서 역할을 한다. 그의 글 덕분에 나는 저자를 좀 더 가깝게 느낄 수 있었다.

2014년 5월 14일 페이스북 '서천석의 행복한아이연구소' 포스팅에서 옮겨 적는다. "혹시 주변에 가까운 사람이

저 세상으로 떠나 슬퍼하는 사람이 있는지요? 그의 애도의 시간이 길어지고 슬픔 속에 오래 머문다면 우리는 무엇을 해 줄 수 있을까요? 그의 곁에 조용히 머물며, 손을 잡아 주고, 그의 생활을 거들어 주는 것이 가장 중요한 일이겠죠. 그리고 한 가지 더 할 수 있는 일이 있다면 떠난 사람에 대한 좋은 추억을 이야기하는 것입니다.

그 추억은 나만 알고 있는 고인에 대한 내용도 좋고, 상대도 알고 있는 추억을 떠올리게 하는 것도 좋습니다. 슬픔에 빠진 분들은 의외로 좋은 추억을 떠올리기 어려워합니다. 연구를 통해 보면 슬픔으로부터 회복력이 좋은 분들은 고인에 대한 좋은 추억을 훨씬 잘 떠올리는 경향이 있습니다. 슬퍼하는 분들이 슬픔 속에만 갇혀 있다면 그에게 조심스럽게 추억을 이야기하는 것이 도움이 됩니다.

사랑하는 사람과 이 세상에서 영영 이별한다고 해도 우리는 결코 그를 떠나보낼 수는 없습니다. 떠나보낼 수 없기에 그가 떠난 순간, 떠났다는 사실만 생각하고 또 생각합니다. 슬픔과 절망의 순간에만 머무는 거죠. 이 그리움은 답이 없는 그리움이기에 끝날 수 없습니다. 그렇게 자신을 계속 괴롭히죠.

반면, 고인과의 추억은 헤어짐의 순간 그 이전의 과거로 우리를 이끕니다. 우리는 추억을 떠올리고, 추억에 대해 이야기하면서 상대를 떠나보내지 않으면서도 슬픔 이외의 감정을 느낄 수 있습니다. 감정이 오직 그리움에만 사로잡히지 않고 다른 감정을 느낄 수 있게 되죠. 감정의 격실에 다른 기운이 조금씩 채워집니다. 그리고 격실 안에 슬픔과 따뜻함, 절망과 행복이 조화를 이루게 될 때 우리는 조금은 더 건강해집니다. 고인을 잃어버리지 않고도 감정의 균형을 맞출 수 있죠. 이것이 추억 이야기의 힘입니다."

2014년 8월 4일 그 주간에 나는 집이 무너져 세 아이가 깔려 있는데 구할 수 없어서 소리 지르며 절규하는 꿈을 꾸었다.

　　하늘로부터 소리가 났다. "너는 내 사랑하는 아들이라. 내가 너를 기뻐하노라." 하나님이 사랑하고 기뻐한다고 했던 아드님이 십자가에서 죽으실 때 아버지 하나님은 무력하게 지켜보셨다. '하나님의 뜻'이었으니 마음 아프지 않으셨을까? '합력하여 선을 이루실' 것을 아셨으니, '환난은 인내를, 인내는 연단을, 연단은 소망을 이루는 줄' 아셨으니 즐거워하셨을까?

　　사랑하는 자를 대책 없이 떠나보내야 했던 아버지의 마음으로 하나님이 세월호 유가족, 실종자 가족, 우리 국민들을 위로해 주시길……

2014년 10월 29일 고통과 슬픔을 겪었다고 해서 반드시 동병상련, 측은지심을 갖게 되는 것이 아님을 보여 주는 실례다. 부모님을 그렇게 잃고 어린 나이 때부터 어울리지 않는 옷을 입고 살았던 경험이 그녀에게는 어떤 의미였는가. 세월호가 아니라 세월호 할아버지 같은 비극이 일어나도 그녀는 꿈쩍도 하지 않을 것 같다. 누구의 비극이든 자기의 그것보다 덜하다 여길 테니.

2015년 4월 10일 한낮 동네공원. 까미를 산책 시키느라 나왔는데 공원 한 귀퉁이에서 어떤 여인이 소변을 보고 있다. 이 대낮에, 공원에서! 머리카락을 염색해서 나이를 가늠하기 어려웠지만 50대 후반이나 60대 초반쯤으로 보였다. 깜짝 놀란 나는 모른 척하고 근처 벤치에 앉아 지켜보았다. 여인은 소변을 다 보고 주섬주섬 옷을 챙긴다. 그때 멀찍이 떨어져 앉아 있던, 머리가 하얗게 센 할아버지가 다가가 그 여인의 바지를 다시 마무리해 주었다. 아버지는 아닌 것 같고 남편인 듯했다. 아, 아름답지만 난 절대 겪고 싶지 않은 사랑. 안타깝고 슬프고 처연한 사랑.

2015년 6월 18일 나가오 카즈히로의 『평온한 죽음』에서 옮겨 적는다.

- 맛집이나 재테크 정보는 눈에 불을 켜고 찾으면서, 자기 자신의 삶을 거두는 방법에 대해서는 아주 간단히 의사에게 맡겨 버리는 사람들이 많다. 자신의 임종이나 죽음에 대해 생각하는 것을 소극적인 삶의 태도라고 생각하는 사람이 많은 것 같은데, 그렇지 않다. 자신의 임종을 미리 생각한다는 것은 '생의 마지막 순간까지 어떻게 나답게 살 것인가'를 생각하는 매우 적극적인 삶의 태도라고 생각한다. (33쪽)

- '어디서 죽고 싶은지'는 매우 중요한 결정이다. 자기 인생의 소중한 마지막 순간을 의료진에게 맡기고 있는 것이 현대인이다. (70쪽)

- 사는 것이 곧 죽는 것이고, 죽는 것이 곧 사는 것이다. 삶과 죽음은 동전의 양면처럼 떼려야 뗄 수 없는 부분이다. 마지막 순간까지 자신의 삶을 온전히 살고 싶다면 몸을 자유롭게 움직일 힘이 있고 스스로 판단할 수 있을 때 '평온사'를 위한 준비를 시작하는 것은 어떨까? (73쪽)

- 건강한 사람이 항상 죽음에 대해 생각하는 것은 병적이다. 하지만 우리 모두는 예외 없이 언젠가 죽음을 맞이하며 오늘 죽을 가능성도 제로는 아니니, 전혀 염두에 두지 않는 것도 병적이라고 생각한다. (110쪽)

- 평온하게 죽는다는 것은 한정된 '삶'을 마지막까지

최대한 즐기며 그 삶을 마무리하자는 것입니다. 삶과 죽음은 동전의 양면과 같습니다. 50~60대가 되면 죽음을 의식하며 사는 것이 중요하다고 생각합니다. 죽음에 대한 성찰을 통해 삶을 발견하는 작업이 남은 인생을 더욱 풍요롭게 해 주기 때문입니다. **(220쪽)**

의사인 저자는 환자들이 의학적 연명에 매달려 삶의 마지막을 허비하는 것에 반대한다. 이왕이면 집(혹은 그에 준하는 편안한 환경)에서 '평온사' 할 것을 권장하고 알리고 있다. '평온한 죽음', 이 책은 죽음을 성찰하는 것이 왜 중요한가 하는 철학적이고도 영적인 질문부터 연명 치료가 얼마나 무분별하게 널리 퍼져 있는지, 그로 인한 환자와 가족의 고통과 같은 실제적인 이야기까지 다 담겨 있다.

　저자가 일본인이라서 우리나라 문화와 비슷한 점이 많아 이해하기가 쉬웠다. 나이가 많아 돌아가시든 투병을 하다 돌아가시든, 어느 시점에서 가족은 사랑하는 이의 죽음을 인정하고 놓아줘야 한다. 그런데 그 시점이라는 것이 아주 미묘하고도 섬세해서, 일단 병원에 들어가면 죽음을 맞이하는 본인은 물론이거니와 가족들도 마음대로 떠나보낼 수 없는 것 같다. 의료진은 생명을 살려야 하는 사람들이므로 어떻게든 살려 놓으니까. 그렇다고 의사들이 어떤 조치도 취하지 않고 손 놓을 수도 없을 테니 말이다. 그런데 생명을 구하는 것과 생명을 그저 연장하는 것은 분명히 다른데, 그 지점이 가족에게는 애매모호한 것 같다.

　60~70대 부모님을 둔 사람들, 특히 어떤 질병으로든 투병 중인 부모님이 계시거든 꼭 한 번 읽어 보기를 권한다.

2016년 2월 16일 『마지막 여행』. 30년이 넘게 임종환자 전문 간호사로 2천 명이 넘는 말기 환자와 마지막 시간을 보낸 저자 매기 캘러넌. "왜 '어떻게' 죽는지를 가르치는 곳은 없어? 왜 우리는 죽음에 대해 아무 말도 하지 않는 거지?" 죽음을 앞둔 아버지의 이 한마디가 저자의 인생과 직업을 바꾸었다고 한다.

　말기 환자를 만난 수와 양적인 면에서 압도적인 경험을 해서인지 이 책에는 수많은 사례가 소개되어 있다. 내가 병이나 노화로 서서히 죽는다면 이 사례들 중 하나에 포함되지 않을까 싶을 만큼 다양한 이야기가 나온다.

　어떤 이유로 죽음에 이르든, 생의 마지막 시간을 평화롭고 존엄하게 보낼 수 있도록 도와야 한다고 저자는 강조한다. 죽는 당사자뿐 아니라 가족, 친구 등 마지막 여행에 동참하는 모든 이들이 최고의 시간을 만들어 보자는 게 저자의 의도이며 그렇게 할 수 있는 지혜와 통찰을 기꺼이 보여 준다.

죽음을 다루는 책이라서 집어들기 망설일 수 있으나, 사실 이 책은 어떻게 살아야 하는지를 보여 준다. 죽음을 가지고 삶을 힘주어 이야기하고 있으니, 역설(力說)이자 역설(逆說)이다.

2016년 2월 21일 『죽음의 수용소에서』. 이 유명한 책을 이제야 읽다니 부끄럽다. 유대인이었던 저자가 나치 강제수용소에서 체험한 것에다 정신의학자로서의 해석과 이론을 차후에 덧붙여 완성한 책이다.

우울한 내용일 것 같았던 선입견과는 달리 오히려 인간에 대한 희망을 이야기하고 있어 놀라웠다. 인간의 바닥이 낱낱이 드러나는 절망적인 상황 속에서도 지고의 도덕적 수준을 보여 준 사람들, 비록 극소수였을지라도 자신의 시련을 가치 있는 것으로 만들어 외형적인 운명을 초월하는 능력을 보여 준 사람들에 대한 찬가였다. 그렇게 살고 싶은 동기를 부여하고 용기를 주는 책이다.

신기했던 것은 저자가 서술하고 있는 '죽음의 수용소' 안의 풍경이 전혀 낯설지가 않았다는 것. 현재 한국 사회의 모습과 별반 다르지 않아서 현실감, 생동감이 짱이었다. 그래서 슬펐다. 헬조선에 살면서 막막한 기분이들 때 꼭 읽어 보면 좋겠다.

인간의 주된 관심이 쾌락을 얻거나 고통을 피하는 데에 있는 것이 아니라 삶에서 어떤 의미를 찾는 데에 있다는 것이 로고테라피의 기본 신조…… 자기 시련이 어떤 의미를 갖는 상황에서 인간이 기꺼이 그 시련을 견디는 것도 바로 이 때문…… 의미를 발견하는 데에 시련이 '반드시 필요한' 것은 아니라는 사실……. 만약 그 시련이 피할 수 있는 것이라면 시련의 원인, 심리적·신체적·정치적 원인을 제거하는 것이 인간이 취해야 할 의미 있는 행동이다. 불필요하게 고통을 감수하는 것은 영웅적인 행동이 아니라 자기 학대에 불과하기 때문이다. (188쪽)

초등학생 시절

위: 고등학생 시절, 큰언니가 사온 기타를 독학으로 익혀 반주하며 노래하기를 즐겼다
아래: 93년, 대만에서 열린 IFES 동아시아 수련회에 참석했을 때

연애 시절, 캠퍼스 곳곳에서 주말이나 휴일에 데이트하는 걸 즐겼다

2004년 8월, 입양을 결정하고 처음으로 막내를 만난 날(광주 영아일시보호소)

위: 2010년 가족사진
오른쪽: 2008년, 수필로 샘터사에서 주는 상을 받았다

2009년, 〈에세이21〉을 통해 수필가로 등단했다

2018년 3월, 『너라는 우주를 만나』 북토크

위: 『너라는 우주를 만나』 북토크 후 가족사진
오른쪽: 생애 마지막에 살던 개봉동에 사람들을 불러 함께
밥을 지어 먹으며 대화하던 만남을 '개봉밥두'라고 불렀다

2018년 4월 북토크를 앞두고

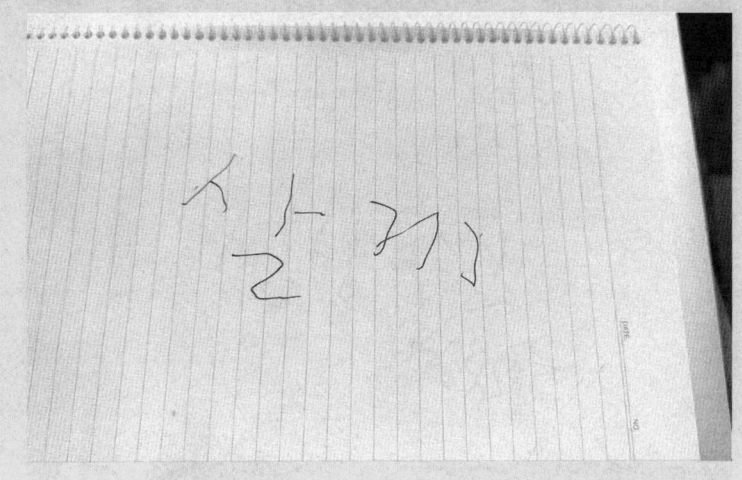

생사의 기로에서 싸우던 중환자실에서 "살게"라는 필담으로 삶에 대한 의지를 보였다

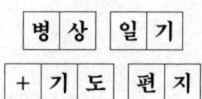

2025년 1월 16일부터 3월 31일까지,

페이스북에 공유한 글

이어지는 글은 이 땅을 떠나기 직전 아내의 투병, 위기, 장례의 과정을 거친 남편 김종호의 병상 일기이다. 저자 김경아는 통증이 잡히지 않아 여러 가지 치료를 받던 중 2024년 12월 장기간 입원하여 치료를 받고 1월 27일 퇴원했다가 30일 항암제 치료를 받기로 예정된 날에 극한 통증으로 중환자실에 입원하여 장 일부를 절제하는 수술을 받았고, 이후 기적적으로 호전되어 일반 병동으로 옮겼다가 다시 악화되어 2월 17일 세상을 떠났다. 1월 16일부터 3월 31일까지 이어진 이 병상 일기는 저자 김경아가 기록할 수 없었던 마지막 나날들을 곁에서 지켜보며 아내의 뜻을 지켜 주고 따르려 했던 남편 김종호의 아프고 핍진한 기록이자 간절한 기도 제목이요 편지이다.

2025년 1월 16일 (12월부터 장기간 입원 중일 때) 26살 종호는 23살 경아랑 결혼했다. 만성질환을 가진 아내를 맞는 게 어떤 현실을 가져오는지 전혀 알지 못하고 그냥 뭐든 다 감당할 수 있다는 순진한 생각만 갖고 있었다. 그런데 현실은 가혹했다. 극심한 통증에 쩔쩔매는 아내와 함께 기도하고 잠자리에 들면, 나는 잠을 잤지만 아내는 밤새 끙끙 앓기 일쑤였다. 아침에 일어나 간밤에 좀 어땠냐고 묻는 것도 이내 할 수 없는 질문이 되었다. 그렇게 체념을 몸에 익혔다. 그렇게 닫힌 내 마음은 주님의 부재를 경험하는 오랜 세월을 살아왔다.

그 어린 종호와 경아를 만난다면 말해 주고 싶은 게 생겼다.

"후회할 결정은 아니야. 하지만 그 결정이 어떤 의미인지 미리 알았다면 결코 쉽게 하기 어려운 결정을 내린다는 건 알아야 해. 안다고 달라지는 것은 없겠지. 막상 닥치면 많이 당황스럽고 혼란스럽고 원망스러울 거야. 그렇다고 결코 불가능한 삶은 아니야.

'내가 뭘 잘못했기에 이런 고통을 당하는 걸까' 자책하고 너 자신을 원망하느라 하나님을 찾고 그분께 따지는 일을 그만두지 않았으면 좋겠네. 닥치는 고통이 죄에 대한 하늘의 징벌인 경우도 있지만, 무고한 고통, 해도 해도 너무한 고통, 설명 안 되는 고통도 많거든. 그럴 때 자책의 동굴로 들어가는 것은 전혀 도움이 안 되는 선택이야. 그건 혼란의 안개 속에 마음을 닫고 관계를 끊어 버리는 선택이야. 하나님의 능력과 선하심을 믿는다면, 그분에게 달려들어 따지고 직접 맞서 설명을 요청하고, 지금 어디 계신 건지, 무엇을 하고 계신 건지 묻고 묵상하며 지내야 해. 고통을 허락하신 분이기도 하고 고통을 거둬 가실 수도 있는 분이 한 분이라는 사실은 우리가 이해하기 어렵지만, 그 사실 때문에 힘들 때 그분을 만나 직접 대면하고 답을 요구해야 해. 그런데 결국 그분이 이 모든 과정 중에 너희와 함께 계셨다는 사실을 깨달으면 따로 설명을 안 들어도 크게 상관이 없더라고. 그게 가장 중요하니까. 이 상황 중에 너희가 버림받은 게 아니라는 것을 알면 그것으로 견딜 수 있는 힘을 얻게 되니까. 앞으로 살아갈 날들이 지독한 오르막처럼 보이겠지만, 그래도 그 모든 걸음이 소중하고 오르막에서 보게 될 새로운 지평으로 너희 삶을 수긍하게 될 날이 올 거야."

2025년 1월 30일 (사흘간 퇴원 후 치료를 위해 입원이 예정되어 있던 날) 오늘은 항암제 치료를 받기 위해 입원하기로 한 날인데, 아내의 몸 상태가 급속도로 안 좋아져 지금 중환자실로 옮기게 되었습니다. 장천공이 있다는 CT 판독 결과가 나왔습니다. 응급 수술이 필요한 상황인데 현재 의료진 확보가 쉽지 않은지 계속 지연되고 있습니다. 함께 기도 부탁드리겠습니다.

아내는 1시간 45분 정도 수술실에 있다가 조금 전에 나왔습니다. 육안으로 볼 수 있는 구멍이 소장에 나 있었습니다. 그 부위를 도려내고 장을 이어 붙이는 대신 배 밖으로 음식물이 배출될 수 있도록 소위 인공장루라는 것을 만들어 놓았습니다. 음식이 소장을 계속 통과해서 가지 않고 중간에 밖으로 나오도록 한 것이죠. 왜냐하면 장과 장을 이어 붙였을 때 제대로 아물고 회복될 수 있을 것으로 판단되지 않았기 때문입니다. 아내의 건강 상태가 워낙 약화되어 있고 오랫동안 스테로이드제와 면역 억제제를 사용했기 때문입니다.

아직 회복이라는 어려운 과제가 남아 있습니다. 온몸에 세균이 돌고 있는 패혈증 상황을 잘 극복해야 하고 앞으로 인공장루로 생활하는 데도 적응해야 합니다. 또 여전히 소장 곳곳에 궤양이 관찰돼서 또 다른 천공의 가능성도 있다고 들었습니다.

끝없는 고통 속에서 어떻게 살아야 할지 지혜를 주시기를 간구합니다. 산 넘어 산이라는 말을 실감하는 참으로 울고 싶은 밤입니다.

2025년 1월 31일 조금 전에 담당 선생님과 잠시 대화를 나누었습니다. 아내의 상태는 기대했던 것보다 훨씬 더 안 좋네요.

지금 가장 시급한 문제는 신장 기능의 저하입니다. 계속해서 소변 배출, 독소 제거 역할을 하는 신장 기능이 떨어지면서 몸에 큰 위험이 될 수 있는 지점까지 갔습니다. 그래서 결국 투석을 결정했습니다.

아내는 연명치료거부의향서를 이미 작성했고, 저한테도 누누이 투석 및 심폐소생술을 하지 말 것을 당부했습니다. 하지만 고민 끝에 이 투석은 연명 치료가 아니라 증세를 완화하여 폐혈증이 빨리 가라앉고 이 고비를 넘기도록 시간을 버는 것으로 판단되어 하자고 했습니다.

주렁주렁 수많은 튜브를 달고 중환자실에서 외로이 고통하다 생을 마감하는 것을 원치 않았는데 어쩌다 이 지경까지 왔는지 너무나 속상합니다. 앞으로 치료가 잘 진행되어서 아내가 이 고비를 넘기고 행여 일찍 우리와 작별하더라도 의미 있는 마무리를 할 수 있도록, 그 시간이라도 주시도록 기도하는 중입니다.

✦ ✦
✦

아이들도 함께 두 그룹으로 나누어 아내를 면회했습니다. 온갖 생명유지 장치들에 의지해 힘겨운 싸움을 하고 있습니다. 패혈증의 고비가 계속 진행 중입니다. 낮은 혈압으로 혈류가 약해지니 신체 조직의 괴사가 진행되는 중입니다. 혈액 산성화가 진행되는 것으로 판정할 수 있다고 합니다. 또다시 억장이 무너지는 느낌입니다. 이 고비의 끝은 심정지라고 하는 두려운 현실을 듣습니다.

패혈증의 고비는 48~72시간이라고 합니다. 장기 손상이 지속되기 때문입니다. 이 고비를 넘기길 간절히 간구합니다. 두려운 고비들을 넘을 때마다 극한의 의지로 외롭게 싸우는 아내를 기도로 기억해 주세요.

✦ · ✦

말을 못하는 아내가 글로 이렇게 마음을 표현했습니다.

"내가 죽을 뻔했어."

"살게."

이 간절한 마음을 주님 헤아려 주소서.

✦ ✦

오늘밤을 넘기기 어려울 것 같다는 이야기를 방금 들었습니다. 가족들 다 오라고 하네요.

✦ ✦

가족들을 면회하고 의식도 있어 인사도 나눴습니다. 또 보자고 인사하고 돌아섰습니다. 계속 지표는 악화되고 있지만 아직 희망을 놓지는 않으려 합니다.

2025년 2월 1일 아내의 상황을 보고드립니다. 심정지가 올 수 있다는 위태한 밤을 아내는 견뎠습니다. 새벽에 혈액 검사 수치들을 보니 장기 손상이 지속되고 있고 여러 수치들도 안 좋아 크게 낙심이 되었지만, 아내는 그 어려운 싸움을 감당하고 있습니다.

오전에 담당 선생님이 다녀가셨습니다. 말씀하시는 내용을 통해 혈액 검사에서는 파악되지 않는 긍정적인 신호가 있다는 것을 확인했습니다. 우선 혈압이 조금씩 안정되고 있습니다. 약물을 절반 정도로 줄였지만 목표 혈압을 유지할 수 있다고 합니다. 매우 긍정적인 신호입니다. 심박수도 190에서 어젯밤에는 140으로, 오늘 아침에는 130까지 내려온 상태입니다. 그래서 너무 고통스러워하는 아내를 보내 줘야 하나 고민했던 생각은 일단 접었습니다.

하나님이 이 고비를 넘게 해 주신다고 해도 아내의 앞에 펼쳐질 삶은 전혀 호락호락하지 않습니다. 사실 첩첩산중입니다. 하지만 이 고비를 넘기게 해 주신다면 저는 주어진 시간을 이렇게 보내고 싶습니다.

인공호흡기를 떼고, 아내 입으로 말을 할 수 있게 자유를 주어 본인이 하고 싶은 얘기를 하게 하고, 가족들도 할 수 있는 얘기를 나누며 아내를 환송하는 시간으로 보내고 싶습니다. 얼마나 더 살 수 있을지, 얼마나 더 누릴 수 있을지, 함께 손을 만지고 볼을 맞대고 대화할 수 있을지는 모릅니다.

이 모든 소중한 순간이 얼마나 더 주어질지는 모릅니다. 그러나 그 모든 순간을 소중히 누리고 그런 연후에 보내고 싶습니다.

이 소박한 기도 제목을 주님께 올려 드립니다. 이렇게 많은 기계장치에 의지해서 하고 싶은 얘기도 하지 못한 채로 인생을 마무리하게 하고 싶지는 않습니다. 제발 제대로 이별할 수 있는 시간이라도 허락해 주소서.

✦ ✦

아내의 핸드폰을 보관하고 있다.

여러 문자들이 오지만 무서워 못 연다.

아내가 직접 열어, '1'이 사라지는 시간이 오길…….

✦ ✦

이틀 밤을 병원에서 보내고 처음으로 집에 왔습니다. 선배들이 보내 준 반찬으로 둘째가 저녁상을 차려 주어 고마운 마음으로 먹었습니다. 그렇지만 사라진 입맛은 돌아오지 않습니다.

아내가 없는 집에 들어와 아내가 없는 침대에 누워 잠시 눈을 붙이려는데 그 낯선 느낌이 마음을 무너지게 합니다. 같은 시간에 손이 묶이고 인공호흡을 위해 기도에 관을 삽입한 채 괴로운 순간을 보내고 있는 아내를 기억하고 눈물로 기도할 뿐입니다. 속히 이 고통에서 해방하여 주시고 소소한 일들이 주는 큰 감사를 누리고 싶습니다. 어제 아내에게 아이들이 물었습니다. 뭐가 제일 먹고 싶냐고요. 그랬더니 펜을 잡고 "물", 한 자를 적었습니다. 물 한 잔 시원히 먹는 날을 속히 허락해 주시길 기도합니다.

조금 전에 담당 간호사에게 문의했습니다. 감사한 소식이 있습니다. 떨어진 혈압을 인위적으로 올리는 승압제 투여를 중단했다고 합니다. 본인의 심장이 드디어 약물 없이 혈압을 유지하기 시작했습니다. 아직도 갈 길은 멀지만 이 놀라운 싸움을 외로이 감당해 주는 아내에게 한없이 미안하고 고마울 뿐입니다. 이해할 수 없는 고통의 터널을 지나며 이 과정을 통해 하나님이 하시는 일이 무엇인지 조금 더 깨닫고 그로 인해 우리 모두가 조금이나마 더 평안과 성숙을 경험하고 싶습니다.

2025년 2월 2일 지난 목요일부터 갑자기 마주하게 된 공포스럽고 불확실함으로 가득한 현실을 이 공개된 공간에 공유했을 때 동의도 없이 많은 분들을 저희 가족의 여정에 초대한 셈이었습니다. 절박함에 손을 내민 것이었고, 사람은 함께 공감하고 기도하며 짐을 같이 나누어 지는 공동체가 없이는 살 수 없기에 본능적으로 그렇게 했던 것 같습니다. 이 가슴 조이는 모든 순간들, 다 공유할 수는 없었지만 중요한 기점에 소식을 전할 믿음의 친구들이 있어서 너무나 감사하고 안도가 됩니다.

조금 전에 의사 선생님과 잠시 면담했습니다. 아내의 상태는 많이 좋아졌다고 합니다. 조직 괴사가 진행되는 표지가 젖산 수치인데, 엄청 높았던 수치가 극적으로 안정되었습니다. 소변도 어제는 1리터가량 나왔다고 합니다. 신장 기능도 회복되고 있다는 뜻입니다.

이렇게 고비는 넘었고 향후 며칠 내에 인공호흡기, 투석기를 제거하는 것도 시도해 보기로 했습니다. 그러면 일반 병실로 갈 수 있는 길이 열립니다. 간절한 기도, 사랑의 마음을 통해 하나님의 은혜를 경험합니다. 감사드립니다. 이 암울했던 절망의 골짜기를 여러분들의 손을 잡고 함께 지나올 수 있어서 천만다행입니다.

2025년 2월 3일 "제가 여기 오게 된 것은 최근에 많이 아팠기 때문. 그런데 말도 못하고 내 맘대로 손을 쓸 수도 없는 이런 상황이 환자로서는 너무 힘드네요. 저를 돕는 분들에게 민폐이고요. 저는 제 주치의와 상의해서 이곳을 떠나고 싶습니다. 그간 고맙고 미안했습니다."

새벽 3시 반, 눈이 떠졌습니다. 그리고 다시 잠들 수가 없네요. 아내가 간호사에게 쓴 이 필담의 내용이 저로 통곡하게 만듭니다. 마음이 무너집니다. 아내는 중환자실에서 기도에 삽입된 튜브로 인공호흡을 하고 양손이 묶인 채 고통스러운 시간을 또렷한 의식으로 견뎌 내고 있습니다. 의사가 처방한 잠자는 약도 아내를 편히 쉬게 하지 못하네요. 이 괴로움을 오롯이 혼자 감당하고 있는 아내가 중환자실을 나와 조금이나마 편한 치료를 받기를 간절히 소망하고 기도합니다.

✦ ✦ ✦

일반 병실 이후에 펼쳐질 삶은 또 어떤 질고를 갖고 있을지전혀 모르겠습니다. 그러나 일단은 인공호흡기를 떼고 투석기를 제거하여 일반 병실로 가는 것만이 간절한 소망입니다. 그 다음 싸움은 그때 가서 걱정하고 싸워 가면 되겠지요.

극한의 고통 속에 놀라운 은혜도 동시에 찾아오는 것을 경험합니다. 함께 고통을 나눌 때 그 고통의 짓누르는 무게가 순식간에 가벼워짐을 느끼기도 합니다. 고통 가운데 가족이 얼마나 소중한지 아이들과 부모가 함께 배웁니다. 남의 고통을 통해 연대하고 자기의 울타리를 넘어서는 공동체가 형성되는 것을 체험하기도 합니다.

그래도 고통은 밉습니다. 저주스럽고 지긋지긋합니다. 아내의 병이 올해로 37년이 되었습니다. 지난 입원 기간에 농담 삼아 내년이면 아내가 38년 된 병자라고 웃기도 했습니다. 실로암 연못이 움직이지 않더라도 주님은 그 환자를 고쳐 주실 수 있었죠.

아내는 글에 썼듯이 이곳을 떠나고 싶어 합니다. 저는 '이곳'이 이 세상이 아니라 중환자실이라고만 믿고 싶습니다. 제 간절한 바람입니다.

✦ ✦ ✦

방금 아내의 담당 선생님을 만났습니다. 아내가 인공호흡기와 투석기를 뗐습니다! 너무 다행이네요. 조만간 일반 병실을 신청해서 이동할 수 있도록 상태를 계속 관찰한다고 합니다. 빠르면 이번 주 수요일에는 갈 수 있지 않을까 기대하고 있습니다. 그리고 담당 간호사가 전화를 연결해 줘서 통화도 했습니다! 이 모든 기적 같은 일에 감사합니다.

아직 걱정되는 요소들은 분명히 있습니다. 장내 건강 상태가 워낙 좋지 않아 혹시라도 출혈이 있다면 또다시 심각한 상황이 될 수 있는 고비는 여전히 남아 있고요. 하지만 이런 기적 같은 변화와 결과에 그저 감사할 뿐입니다.

2025년 2월 4일 아침에 확인한 아내의 혈액과 소변 검사 결과를 보니 모든 면에서 회복이 되고 있습니다. 사망의 골짜기를 지나오면서 극한의 고통과 희열을 함께 경험했습니다. 이 과정에 동행해 주신 모든 분들께 한없이 감사를 드립니다.

이렇게 선물로 주어진 삶을 충만하게, 소중하게, 지혜롭게 보내길 기도합니다. 일상으로 곧바로 돌아오기 어렵다는

것을 압니다. 아주 고통스러운 결정이 기다릴 수 있다는 것
도 압니다. 하지만 주님의 뜻과 인도하심을 의지하며 내일
일은 내일 걱정하려고 합니다.

아내의 수술 후 처음으로 집에서 둘째, 셋째 아이와 저
녁을 먹었습니다. 그동안 제가 스스로 상황과 감정에 압도되
어 아이들의 마음을 살필 겨를이 없었습니다. 그래서 오늘
은 장을 봐서 아이들과 저녁을 만들어 먹었습니다. 장을 보
러 갔더니 뭘 사 오라는 아내의 장보기 목록이 없을 때 제가
얼마나 바보인지 깨닫습니다. 평소에는 아내의 지시로 물건
을 사고 제가 사고 싶은 것을 한두 가지 보태서 장을 보면 됐
는데, 처음부터 끝까지 제가 판단해야 하니 아무것도 모르는
제 자신의 모습을 발견합니다.

식사 후 아이들과 엄마 일로 겪은 각자의 경험에 대해
들었습니다. 생각보다 아이들은 잘 있었습니다. 아직 혼란스
럽고 해석을 못하고 잘 이해하지 못하는 부분들도 있지만,
각자의 관점과 위치에서 느끼고 경험하고 깨닫고 있었습니
다. 그리고 이 어려운 시기가 가족이라는 단위를 더욱 가깝
고 단단하게 해 주고 있음을 함께 공감할 수 있었습니다. 고
통은 괴로운 일이지만 동시에 생각지 못했던 선물도 가져오
는 것을 느낍니다.

조금 전에 간호사로부터 전화를 받았습니다. 내일 일반 병실로 옮길 수 있을 것으로 얘기를 했습니다. 기쁜 소식을 전합니다. 잠시 통화도 했습니다. 아직 물을 마시지 못하게 해서 목소리가 거의 안 나오지만, 본인의 괴로웠던 심정과 여러 걱정하는 얘기를 잠시 나눴고, 아무 염려하지 말라고 달래며 통화를 마쳤습니다.

2025년 2월 5일 중환자실 간호사로부터 일반 병실에 자리가 났고 오늘 옮긴다는 확인 전화를 받았습니다. 중환자 단계를 넘기게 해 주셔서 주님께, 그리고 마치 자기 가족 일처럼 이 과정에서 함께 기도해 주신 모든 분께 무한 감사를 드립니다!

이제부터 펼쳐질 실제적인 싸움이 사실 두렵습니다. 저는 얼마나 이어질지 모르는 환자 보호자 역할을 제 삶의 최우선순위로 생각하고 있습니다. 하지만 환자 본인의 싸움은 제가 감당할 역할과는 차원이 다른 무게입니다.

어제는 집에서 아내의 컴퓨터를 열어 아내가 써 둔 마지막 인사말을 읽었습니다. 작년 유월에 아내는 자기 생각을 정리하고 마지막에 벌어질 일들을 미리 생각하며 '엔딩 노트'라는 일종의 유언을 정리해 둔 게 있습니다. 이 문서의 존재를 알고 있었지만 읽어 보기는 처음입니다. 볼을 타고 흐르는 눈물을 닦으며 아내의 마음과 생각을 마음에 헤아려 봅니다. 그 편지에 연명 치료를 원치 않는 의향을 분명히 밝혔습니다.

현대 의학은 우리가 죽음의 고비를 넘기도록 최적화된 의술을 개발해 왔습니다. 중환자실에 있었던 일주일간 아내는 그 치료의 도움으로 살아 돌아왔습니다. 그러나 무조건 생명을 유지하는 것만이 최상의 선택이 아니라는 것을 압니다. 언제 어떤 방식으로 주님이 부르실지는 모릅니다. 그 때와 방식이 무엇이든, 마음에 평안과 감사를 갖고 죽음을 맞이하는 것도 믿음을 가진 자들의 태도일 것으로 생각합니다.

하지만 여전히 제 맘에는 아내와 누릴 소중한 일상의 날이 더 많고 길었으면 좋겠다는 간절한 바람이 있습니다. 불확실한 미래로 첫발을 내딛으며, 삶의 모든 필요를 채우시는 주님을 기억하며 마음을 추스려 봅니다.

2025년 2월 6일 일반 병실에서 긴 밤과 긴 하루를 보냈습니다. 수술 후 통증이 지속되니 아내는 계속 끙끙 앓았습니다. 진통제를 맞으며 힘겹게 밤을 보내고 나니 날이 밝았습니다. 저도 덩달아 거의 눈을 못 붙이고 새날을 맞았습니다.

회복하는 과정에 통증도 가라앉아야 하고 걱정되는 요인이 없어야 할 텐데 아내는 다시 열이 올라 신경이 쓰이는 상태입니다. 38.5도까지 열이 올라 결국 해열제를 썼는데 쉽게 잡히지 않아 다시 하나를 더 썼고 그래도 오후 내내 37.9도 정도로밖에 안 내려가고 있습니다. 열이 잘 잡히는 게 중요한 숙제가 되었습니다. 아직 장 상태가 불안하다고 물도 못 마시는 금식은 유지되고 있고요. 아마 검사 결과를 보면서 토요일쯤에 물 마시는 게 허락되지 않을까 싶습니다.

각오하고 있었지만 중환자실에서 일반 병실로 오니 엄청난 숙제들이 기다리고 있습니다. 하지만 각오한 일이니 적극적으로 감당하고 있습니다. 긴 병으로 가족을 간호해 오신 분들의 만만치 않았을 삶을 생각하면서 숙연한 마음이 듭니다.

이 주어진 새 삶의 기회가 참으로 소중합니다. 함께 누리고 함께 기뻐하며 어려운 고생길을 뜻깊은 행복의 길로 걸어가고 싶습니다. 그 기간이 얼마가 되든지요.

2025년 2월 7일 너무 아파 밤을 새는 아내 곁을 지킵니다. 마약성 진통제를 쓰니 섬망 증세도 보입니다. 그런데도 통증은 잡히지 않습니다.

저도 피곤해 잠시 자고 일어났는데 수술 부위에 배액이 흥건히 배어 있었습니다. 깜짝 놀라 드레싱을 새로 했습니다. 아내가 가려웠는지 비몽사몽간에 복대를 제거한 모양입니다.

신음하며 아내는 아버지를 찾습니다. 하늘의 아버지, 굽어 살피소서. 제발 이 고통에서 놓이게 하소서.

아내의 핸드폰에 도착해 있는 수백 건의 확인하지 않은 메시지를 하나씩 아내에게 읽어 주었습니다. 아직도 확인 못한 게 많은데 할 수 있는 만큼 읽어 주면서 울고 또 웃었습니다.

이렇게 많은 사랑을 받았고, 많은 분들의 기도를 통해 험난한 사망의 음침한 골짜기를 지나왔습니다 오랜만에 느껴 본 일상의 행복감입니다. 이 과정에 공동체로 함께해 주신 여러분들 덕에 이런 순간을 누립니다. 생명의 주관자이신 하나님께서 우리 모두에게 중요한 간증거리를 허락하셔서 감사할 뿐입니다.

2025년 2월 9일 이틀 전 소장 출혈이라는 위기가 시작되면서 마지막일 수 있다는 밤을 견딘 아내는 토요일인 어제는 종일 고통과 씨름하면서도 아이들과 찾아온 가족, 친구들과 때로는 얼굴을 보기도 했고 통화나 문자에 답장도 하며 의연하게 견뎠습니다. 상태가 안 좋아 힘겨운 중에도 다른 이들의 상황과 안부 등에 세심하게 신경을 쓰고 아주 사소한 것들도 기억하는 정말 김경아다운 하루를 보냈습니다.

소장 출혈은 계속됐습니다. 그리고 쩔쩔매게 아픈 통증도 중단 없이 이어졌습니다. 겪어 보니 본인은 물론이고 지켜보는 사람도 피가 마르는 게 고통과의 싸움입니다. 모르핀을 투여받는 중입니다. 그게 시간당 4ml에서 8ml로, 그리고 의료진과 상의 후 10ml까지 올라갔습니다. 그랬는데도 통증에 시달려 괴로워합니다. 그래서 안정제까지 투여해 아내가 잠들도록 했습니다. 그렇게 의식이 몽롱해지고 더 이상 대화가 안 되는 수준의 상태가 되었는데도, 존재의 심연에서 나오는 큰 고통의 신음이 아내의 입에서 지속적으로 흘러나옵니다. "아이고, 아버지." 아내가 입에 달고 있던 기도는 안정제 투여 후 절규에 가까운 신음으로 바뀌고, 곁을 지키는 아이들에게 이 장면은 고문과도 같은 형벌이 되었습니다.

큰딸이 오후에 제게 울면서 말했습니다. 치료를 중단할 수 없겠느냐고요. 소장에서 진행되는 통증의 원인도 모른 채 이렇게 진통제로 견디는 게 말이 안 된다는 것이었습니다. 아내도 가는 것보다는 있는 게 좋겠다고 말을 하지만, 사는 고통과 무게가 짓누르니 주님께로 가는 길을 찾고 있다는 말을 합니다. 저도 아내가 없는 삶을 상상할 수 없으니 조금이라도 더 아내가 살아 주기를 바라는 마음과 동시에 아내에게 이 극한의 고통을 견디도록 만드는 것이 너무나 괴롭습니다.

현재 의료진은 출혈을 보상하기 위해 수혈도 하고 몸 상태를 지속적으로 모니터링하면서 수액과 약물로 이 고비를 넘길 수 있도록 최선을 다하는 중입니다. 수혈은 연명 치료가 된다고 생각해 안 받을 생각도 했습니다만 담당 선생님의 의지가 확고해 수혈을 진행했고 그렇게 아내의 생명은 극한의 통증 속에 연장되고 있습니다.

　한 의사 선생님과 통화하면서 '연명 치료는 가망이 없는데 시행하는 무의미한 생명 연장 치료이지만, 현재 아내가 받는 수혈은 연명 치료가 아니다'라는 말을 들었습니다. 왜냐하면 아내에게는 여전히 희망이 있기 때문이라는 것입니다.

　그런데 아이들은 그 희망이 무슨 의미인지 질문합니다. 이 고통스런 싸움을 지나 아내가 마주할 현실은 여전히 심각한 고통과 질병의 손아귀에서 고생해야 할 현실이기 때문입니다. 아이들이 엄마가 편안히 떠날 수 있기를 희망한다는 뜻을 밝혔음에도 불구하고 의료진과 저의 선택으로 고통을 연장하고 있는 현실에 마음이 힘들어 결국 어젯밤에는 감정을 주체 못하고 불만을 터뜨리고 서로 상처를 주고받는 상황까지 벌어지기도 했습니다.

　생명을 가장 중요한 가치로 여기는 기독교적 가치관, 윤리관 아래서 살 수 있는 길을 선택하고 놀라운 의지와 믿음으로 멋지게 병마를 이겨 낸 간증과 사연들을 접하면서 우리는 감동도 하고 믿음을 새롭게 얻기도 합니다. 하지만 지금 이 길고 무섭고 고통스런 밤을 보내며 저는 잘 죽는 것, 죽음마저도 하나님의 섭리와 은혜 가운데 중요한 믿음의 선택이 되어야 한다는 생각을 합니다. 자살을 옹호하려는 생각은 아닙니다. 하지만 중요한 선택의 기로에서 생명이 죽음보다 무조건 절대적인 가치가 될 수는 없겠다는 생각을 합니다. 사실 죽음도 하나님의 섭리 중 중요한 자리를 차지하고 있고, 이를 통해 하나님이 하시는 일, 보이시는 일도 크기 때문입니다.

이 생각을 정리하기까지 결코 쉽지 않은 과정을 거쳐 왔습니다. 생명을 무한한 고통 속에 연장하는 일이 가져오는 정신적 고통 속에 제 판단이 흐려지고 제 믿음이 무너진 것일지 몰라 두려웠습니다. 살려 내지 못하는 게 미안했습니다. 하지만 이제는 아내의 오랜 뜻을 존중해 이 고통을 줄여 주고 평생 고통으로 이어졌던 아내의 삶이 평온히 마무리되어 영원한 안식이 있고 눈물과 고통이 없는 하나님 품으로 갈 수 있도록 돕는 것이 제자도의 연장선에서 제가 내려야 할 믿음의 선택이라고 생각을 정리했습니다.

물론 제 생각이 이렇다고 쉽게 아내의 치료를 완화 및 임종 관리로 전환할 수 있을지는 모르겠습니다. 의료진의 의지, 현실적인 규정과 법규 등을 살펴 최종 결정이 나겠죠. 그간 잘 살아온 아내, 멋지고 감동적이고 희생적이고 성실한 삶을 살아온 아내에게 내 고마움을 전달할 마지막 노력은 편안히 고된 육신의 몸을 내려놓고 주님께 갈 수 있는 길을 찾아 주는 것이란 생각을 합니다. 그리고 그 길이 가능한 속히 열리면 좋겠다는 마음입니다. 찢어지는 마음으로 그렇게 아내를 송별해야 할 것 같습니다. 이렇게 멋진 사람과 가정을 이루었고, 좋은 친구들을 함께 얻었고, 제 마음을 늘 벅차게

하는 세 딸을 함께 키웠으니 저는 이제 여한 없이 아내를 보
낼 생각입니다.

✦   ✦
✦

긴 밤 고통 속에 감상에 젖어 쓴 글이 아닐까 싶어 다시 글
을 읽어 보고 이 생각을 공개하기로 마음을 먹습니다. 이 선
택은 제가 믿음을 저버린 것이 아니라 부활의 주님을 믿기에
내린 선택입니다.

✦   ✦
✦

정종훈 목사님이 다녀가셨습니다. 제가 올린 소식들에 마음
이 아파 꼭 들러야겠다는 마음으로 심방을 오셨고 마침 함께
있는 저희 큰딸과 함께 셋이서 누워 자고 있는 아내의 침상
곁에서 예배를 드렸습니다. 설교자도 울고 예배에 참여한 우
리 부녀도 울며 예배를 드렸습니다.

정종훈 목사님과는 95년부터 알고 지냈으니 30년이나
되었고, 아내가 쓴 책들을 굉장히 좋아하셔서 예배 중에 '성
에 관한 책은 그간 나온 책들 중 최고라고 판단해 여러 사람
에게 추천하기도 했다'고 말씀하셨습니다. 작가로, 주부로,
신앙인으로 걸어온 아내의 삶을 조명하면서 아내의 삶의 의
미를 밝혀 주신 게 너무나 감사했고 한없는 위로가 되는 경
험을 했습니다.

216

그리고 30분쯤 전에 당직 전공의와 면담을 했습니다. 그 자리에서 가족들의 뜻을 명확히 전달했습니다. 아내의 뜻은 연명을 하지 않는 것이고, 이는 온 가족이 동의하고 명확히 이해한 것이며 한마음임을 전달했습니다. 그래서 이제는 더 이상 수혈은 안 하게 됩니다. 아내의 출혈 패턴을 보니 출혈과 지혈이 오락가락합니다. 한동안 없다가도 어느 순간에 또 출혈이 있는 게 반복되었습니다. 지금까지 수혈로 들어간 양보다 출혈로 잃은 양이 더 많습니다. 그래서 언제가 될지는 몰라도, 지혈이 안 된다면 수혈 중단 결정으로 아내는 하나님 품으로 가게 됩니다.

생애 가장 고통스러운 결정을 내렸습니다. 그리고 그 결정에 대해 죄책감을 갖지 않기로 했습니다. 삶도 죽음도 하나님 손에 있으니 이후의 일을 주님께 맡기고 아내가 가능한 편하게 있다 떠나도록 곁을 지킬 것입니다. 이렇게 아내와의 복되고 특별했던 31년 4개월의 부부로서의 여정을 마무리합니다. 제게 너무나 특별하고 과분했던 사람 김경아의 삶을 경축하며, 그의 영원한 생명의 길에 축하의 인사를 전합니다. 그리고 아내의 삶을 특별하게 기억하고 함께 눈물로 주님께 기도해 주신 모든 분들께도 감사를 드립니다. 중환자실을 나와 요 며칠 가족들과 보낼 수 있었던 기적은 여러분들이 드린 기도의 응답이었습니다.

2025년 2월 10일 여러 손님들이 다녀가셨고 아이들도 모두 집으로 갔습니다. 아내와 단둘이 병실에 남아 다시 긴 밤을 보냅니다. 지난밤은 고통과 씨름하는 아내로 인해 잠들기도 미안했는데, 안정제를 지속 투여하니 아내는 정말 꼼짝도 안하고 자는 중입니다. 병원에 들어와 처음으로 편히 자는 모습을 보는 것만으로도 감사하게 됩니다. 통증은 남아 있지만 그걸 인지하지 못하게 하는 약의 효능에 이 땅에서의 고통을 잠시 내려놓습니다.

수혈은 없었으나 출혈은 두 차례 있었던 하루였습니다. 오전에 전공의와 대화해 연명 치료 없이 완화 치료, 임종 관리 치료로 방향을 바꾼 후 아내는 오히려 상태가 안정적입니다. 혈압도 나쁘지 않고 산소 포화도도 높고 안정적입니다. 심박수가 120 조금 넘긴 하지만 그다지 걱정할 수치는 아닙니다. 수혈한 혈액보다 출혈로 잃어버린 양이 더 많습니다. 출혈이 반복되면 아내의 상태는 계속 떨어지고 결국 심정지까지 올 수밖에 없습니다.

아내가 죽기를 기다리는 것 같은 참혹한 현실을 선택한 이후 문득문득 저를 찾아오는 죄책감과 서글픔과 싸우고 있습니다. 사는 것도 죽는 것도 하나님의 역사를 드러내는 길이고, 잘 준비된 죽음을 선택하며 죽음마저도 주님을 따르는 제자도의 일부임을 다시 기억합니다. 최근 2년간 지독히도 아파 매일 밤 "주님, 저를 데려가 주세요" 기도했던 아내의 기도가 응답되는 날을 이렇게 기다립니다. 그래서 이 날은 큰 슬픔과 감사가 동시에 오는 날입니다. 그게 언제일지는 모르지만 믿음으로 그날을 맞이하려 합니다.

2025년 2월 11일 오랜만에 집에 와서 잤습니다. 첫째가 병원에 남아 밤을 보냈고요.

그제 아침, 의료진에게 우리의 명확한 뜻을 전달해 수혈을 안 받기로 하고, 안정제와 진통제를 24시간 투여하며 아내를 쉬게 하는 중인데, 그래서인지 어제 하루는 출혈도 없었고 컨디션이 상당히 안정적으로 유지가 되었습니다.

당연한 일이겠지만 아내에게 닥친 위기는 가족에게도 위기가 되었습니다. 무엇보다 아내와 엄마를 잃을 수 있는, 피가 마르는 상황이었고요. 게다가 가족으로서 어떻게 이런 위기에 반응하는지 방식이 서로 달라 평상시 숨어 있던 많은 가족 내 이슈들이 수면 위로 떠올랐습니다.

가족은 가장 가깝고 힘이 되는 존재이기도 하지만 어떻게 보면 가장 어려운 존재이기도 합니다. 외부에서 형성된 내 모습과 가정에서 살아가는 내 모습 사이의 괴리가 가족 내 갈등의 주요 원인이 되기도 하고, 가족으로서 서로의 필요나 감정을 살피는 일이 매우 서툴고 계발이 안 되어 있는 경우가 많습니다. 한마디로, 서로 잘 지내 주면 고맙고 뭔가 일이 있으면 대처를 하지만 일상을 살면서 진지하게 자기의 상황과 마음을 나누는 일에는 매우 서툰 관계가 가족입니다.

저희 가족도 마찬가지였습니다. 저도 아이들이나 아내의 마음을 살피는 일에 진지한 우선순위가 없었고 바깥 일이 우선이고 집에 오면 그냥 퍼져 있고 창의성, 성실함, 민감함, 공감 등을 한편으로 치워 두고 살았습니다. 아내의 위기 상황에 올인하면서 이 상황을 페이스북에 공유하기 시작했고 아내와 저희 가족을 사랑하는 많은 분들이 기도뿐 아니라 방문해 위로하고 슬픔을 나눠 주셨습니다. 그 방문은 사실 엄청난 힘과 위로가 되었습니다. 슬픔을 표현하고 함께 울 수 있던 시간, 잠시 병실을 떠나 실없는 소리를 하면서 웃기도 했던 순간은 오래 이어진 투병과 이번 위기 상황의 무게를 잠시나마 내려놓은 쉼의 순간이었습니다.

그런데 찾아오신 분들과 보내는 감사한 시간이 과했나 봅니다. 아이들이 어제는 병실에서 엄마 곁을 지키다가 아빠의 부재에 대해 폭발했습니다. 수술, 중환자실, 병실로 이어지는 기간 동안 아이들은 아빠가 바깥 세계와 가정 사이에서 어떤 사람으로 살아가는지 한 장소에서 비교해 볼 수 있었습니다. 이미 아이들도 제가 가진 이런 두 모습을 익히 알고 있었지만, 그게 너무하다는 생각이 들 정도로 임계점에 다다른 것입니다.

그래서 둘째의 호출을 받고 손님들을 보내고 병실로 불려 들어갔습니다. 아이들이 마음에 품고 있던 서운함과 불만을 쏟아 냈습니다. 그 말들을 들으며 제 머릿속에 경보음이 들렸고, 아이들이 각자 잘 지내 주기만을 바랐을 뿐 제대로 살피지 못했던, 한마디로 가족의 상황은 제 우선순위에 없었던 현실이 그대로 그려졌습니다. 아이들에게 미안하다고 말하고 반성했습니다. 그러면서 여전히 서로 사랑하기에 이런 얘기를 꺼낼 수 있는 가족이어서 감사했고, 이번 일을 계기로 함께 가족으로 겪는 성장통이어서 감사했습니다. 아내는 이렇게 병상에서도 우리 가족을 위한 중요한 일을 하나 해냈습니다. 가족이 변화되고 성장하게 만드는 것입니다.

✦　✦

아내의 투병이 가슴 졸이는 응급 상황, 위기 상황을 거쳐 어쩌면 답답하고 지루한 긴 싸움이 될 가능성이 보입니다. 이틀간 유지되는 상태를 보니, 다시 치료를 시작해 살려 내야 할지 아내의 원대로 편히 보내야 할지 갈등을 하며 지켜봐야 하는 상황이 앞으로 얼마나 더 이어질지 모릅니다.

한 가지 중요한 생각을 여기서 나누고 싶습니다.

아내의 뜻을 따라 가족이 눈물 가운데 결정한 연명 치료 거부라는 결정은, 한번 내리고 나면 그것으로 끝나는 결정이 아닙니다. 그 후에 펼쳐지는 상황은 매순간이 고문의 연속이 됩니다. 그 결정 후에 상태가 악화되어 결국 죽음에 이르게 되어도 고통이겠지만, 바로 위기가 오지 않고 초조하고 긴장된 채로 '죽기를 기다리는' 이 말도 안 되는 상황은 더욱 괴롭습니다. '충분히 살릴 수 있을 텐데 왜 빨리 보내려 하는지' 의아해하고 이상하게 생각하시는 분들도 있을 것입니다.

그런 판단은 제발 속으로만 해 주십시오. 그리고 지난 37년간, 가깝게는 지난 2년간, 그리고 가장 가깝게는 지난 3개월 동안 아내가 겪어 온 길고도 지긋지긋하고 때로는 감당하기 어려운 고통이라는 무게를 모르신다면 쉽게 판단하지 마시길 부탁드립니다.

제가 90년대 후반 신학교에서 기독교 윤리 수업을 들을 때만 해도 무조건 살리는 것, 생명 그 자체는 절대적 가치처럼 여겨졌습니다. 수업에서 다룬 연구 사례는 극심한 만성 통증 증후군을 앓고 있는 한 남성의 사연이었습니다. 몸에 바람만 스쳐도 칼로 살을 도려내는 것처럼 아파서 쩔쩔매는 고통을 일상적으로 겪으며 '살아 내야' 하는 사람이었습니다. 그런 사람의 일상은 그 자체로 형벌과 같았고 내일이 오늘보다 나으리라는 희망도 없었습니다. 그가 던지는 질문은 "나는 왜 이 고통을 안고 살아야 하는가? 나는 이 고통을 내려놓을 선택의 자유가 없는가?"였습니다. 당시 유인물에서 읽은 그 사람의 사연이 향후 어떻게 되었는지는 저는 모릅니다. 하지만 이와 비슷한 질문을 제 아내도 평생 하고 살았습니다.

통증의 감옥은 사람을 병들게 합니다. 통증의 원인이 있는데 그 원인을 해결 못하니, 통증을 유발하는 염증을 가라 앉히고 통증 자체를 몸이 덜 느끼도록 하는 여러 약을 씁니다. 그런데 그 약들은 통증만 잡는 게 아니라 사람의 몸도 잡습니다. 아내는 특히 최근 2년간 많이 아팠고 어쩔 수 없이 많은 용량의 스테로이드제를 써야 했습니다. 급한 불은 껐지만 그게 아내의 몸을 근본적으로 병들게 했습니다.

최근 3개월간 뜬금없이 열이 오르던 것은 알고 보니 소장에서 궤양이 진행되는 자가면역 반응이었고, 이것이 결국 천공으로 이어졌습니다. 그간 아내는 극도로 저하된 몸 상태를 갖고 일상을 살았습니다. 원래도 아픈 몸으로 씩씩하게 살던 사람이니 저는 그냥 조금 더 아픈가 보다 싶었지만 사실 아주 심각하게 아픈 것이었습니다.

이 시기를 거치던 아내가 어느 날 제게 말했습니다. "나는 매일 저녁 '하나님, 저를 데려가 주세요' 기도해." 듣기 힘든 말이었고 인정하고 싶지 않은 말이었고 어떻게 반응해야 할지 모르는 말이 제 가슴에 쿵 내려앉았습니다. 며칠 뒤 다른 사람에게 아내가 한 말을 제 입으로 전하는데, 그 순간 제 억장이 무너졌습니다. 그 말의 무게와 고통이 제 마음에 그대로 느껴지면서 아내가 일상 속에서 지고 사는 고통의 무게를 저도 간접적으로나마 느낄 수 있었습니다.

그렇게 기도해 온 아내가 죽을 고비를 넘기며, 지옥과도 같이 괴로운 일주일간의 중환자실 생활을 이겨 내고 일반 병실로 돌아와서는 저희 가족에게 본인의 뜻을 다시 한 번 정확히 전달했습니다. "나는 다시는 중환자실 안 가. 연명 치료는 하지 말아 줘."

지난 금요일 시작된 소장의 출혈을 해결하려면 색전술이나 수술 등의 조치가 들어가야 하는데 이것을 결정하면 아내의 몸 상태를 고려할 때 향후 중환자실행이 거의 확실한 상황이었습니다. 그걸 실행하는 중에 발생할 돌발 변수도 추가 치료를 포기하고 완화 치료 쪽으로 결정하게 만든 이유 중 하나입니다.

또한 아내의 소장 출혈 이후 아이들이 '임종 면회'를 허락받아 병원에 와서 엄마와 밤을 보내고 다음날 종일 함께 있으면서 직접 눈으로 본 엄마가 겪은 극도의 통증은 아이들에게 공포 수준의 트라우마가 되었습니다. 그래서 아이들은 엄마를 그냥 살려 두는 이 상태는 엄마의 뜻에 반대되는 것임을 거듭 제게 피력했습니다.

충분히 아팠고, 충분히 괴로웠고, 충분히 살았습니다. 고통 속에서도 아내가 살아온 멋진 인생은 이제 마침표를 남겨 두고 있습니다. 아내의 동의 없이 이것을 쉼표로 바꾼다면 이것은 아내의 의사를 존중하지 않는 월권 행위입니다. 저희 가족이 내린 이 매정해 보이는 결정은 사실 가장 아내의 뜻에 가까운 인간애의 결정이고 또한 생명과 죽음의 주관자이신 하나님의 뜻에도 부합하는 신적 결정이라고 믿습니다. 우리 모두는 죽어가는 과정에서도 하나님의 섭리와 뜻과 은혜와 신비를 드러내며 가게 되어 있습니다. 조력 자살이 아니라면 연명 치료 거부도 그렇게 하나님께 영광이 되는 죽음의 과정이리라 믿습니다. 우리의 결정을 이 맥락 속에서 이해해 주시고, 동의하지 않으신다면 조용히 기도만 부탁드리겠습니다.

✦ ✦

하루가 저물고 있습니다. 새벽에 병원으로 출근해 큰딸과 함께 아내의 머리를 감기고(드라이 샴푸라는 게 있네요) 몸도 닦아 주었습니다. 초보자 둘이 낑낑대며 땀까지 흘려 가며 마무리하니 그냥 뿌듯했습니다.

식물인간처럼 누워 있는 아내의 온몸은 투병이 얼마나 참혹한 것인지를 생생히 보여 줍니다. 지난 몇 달 제대로 된 신체 활동이 없었으니 다리근육도 형편없이 약해졌습니다. 거의 뼈만 남은 수준입니다. 온몸에 붓기가 있지만 특히 오른팔은 며칠째 너무 심하게 부어 있어 터지기 직전의 풍선 같은 상황입니다. 채혈 등을 위해 바늘이 들어갔던 곳으로는 맑은 체액이 빠져나올 정도입니다. 그래서 팔 몇 곳에 여러 겹으로 거즈를 덧대어 놓았습니다. 병원 침상 옆의 보호자가 느끼는 정서는 이렇듯 참혹함입니다.

그러면서도 아름다움을 봅니다. 의료진이 성심성의껏

제공하는 헌신적 노력, 원목실 수녀님의 영적인 돌봄, 청소해 주시는 분들의 조용한 수고, 가족의 입원이라는 걱정스런 현실로 병원에 모인 사람들의 대화와 서로를 바라보는 애틋한 눈길…… 곳곳에 숨겨진 아름다움이 가득한 곳이 병원이기도 합니다.

아내는 지난 금요일부터 임종기 환자처럼 분류되었는데, 지금 상태가 꾸준히 유지되고 있으니 어떻게 대처해야 하는가 고민이 많던 차에 구체적인 대안을 하나 타진하고 있습니다. 호스피스 시설 중 한 곳이 암 환자가 아닌 일반 환자를 위한 침상도 일부 운영하고 있다고 해서 그쪽으로 전원하는 게 가능할지 알아보고 있습니다. 만약 그곳에 가게 된다면 저는 마음이 안도가 되고 아내를 환송하는 길이 걱정스럽지 않을 것 같습니다. 호스피스 병원은 주로 말기 암 환자들의 임종기를 지키는 곳이니 지독한 통증과 영적인 고뇌를 잘 돌보는 노하우가 많은 곳입니다. 그곳의 혜택을 아내가 마지막에라도 누리며 저희와 작별하게 된다면 참으로 감사할 것입니다.

내일은 온 가족이 병실에 모여 점심을 같이 먹을 예정입니다. 그리고 아내가 쓴 마지막 편지를 같이 읽기로 했습니다. 아내의 마음과 메시지를 공유하는 아주 중요한 자리입니다. 그 후에 저는 집에 가고 밤에 둘째와 셋째가 남아 엄마를 지키기로 했습니다.

가족이라는 것이 주는 엄청난 힘과 혜택을 위기 상황에 경험합니다. 그리고 큰 아픔 속에 찾아와 주고, 전화와 메시지로 격려해 주고, 부탁하지 않았지만 재정적 어려움을 예상하고 봉투를 전해 주고, 함께 울고 기도해 주신 수많은 분들과의 연대가 저희를 지탱해 왔습니다.

하나님은 이 모든 과정 중에 사실 잘 안 보이십니다. 그렇지만 이런 아름다운 순간들을 통해, 하나님의 사람들을 통해, 하나님의 사랑과 충만을 경험하고 있습니다.

2025년 2월 12일 아내의 상태가 조금씩 안 좋아지는 가운데 연명 치료를 중단한 후 나흘째 기다림의 시간을 보냅니다. 밤새 이상하게 잠이 안 와서 고생을 했습니다.

아내의 병수발을 통해 인간됨의 의미를 배웁니다. 스스로 아무런 일을 할 수도 없고 전적으로 남의 손에 의존한 상태이지만, 아내가 얼마나 존귀하고 아름다운 존재인지 감동합니다. 생명은 마지막 순간까지 고결하고 존귀합니다.

아내의 고생스런 얼굴을 내려다보며 눈물로 말했습니다. "이제는 가도 돼. 우리 걱정하지 말고 원하던 길을 가. 너무 고마웠고, 사랑했고, 미안해. 먼저 가서 우리 가족들 다시 만날 때까지 기다려 줘." 안정제로 재워 놓은 아내가 눈을 뜨고 애써 제 말을 듣고 알아들었다는 반응을 합니다.

고난은 신비입니다. 일단 왜 겪게 되는지 설명이 불가합

니다. 자초한 고난이야 설명이 됩니다만, 고난은 인과응보만
으로는 설명이 안 됩니다. 최근 학교에서 선생님의 손에 살
해된 7살 어린아이는 자신이나 부모의 죄 때문에 죽은 게 아
닙니다. 어떠한 설명이 불가합니다. 너무나 억울하고 황당하
게 겪은 고통이고, 아무런 이유를 찾을 수 없기에 신비의 영
역에 속합니다.

고난은 또 고통만 남기지 않기에 신비입니다. 극한의 고
통과 함께, 위로와 연대와 공감과 더불어 사는 삶의 힘을 경
험합니다. 우리가 혼자 살 수 없는 존재임을 겸손하고 선명
하게 깨닫는 계기가 됩니다. 어제는 한 페친의 메시지를 받
았습니다. 9년째 암 투병을 하고 계신 분인데, 제가 쓰는 글
들을 통해 위로를 받으셨다고 합니다. 저희 부부가 겪는 고
난이 무색할 정도로 극한의 고난을 겪는 분이, 당사자도 아
닌 배우자가 쓴 글에 위로를 경험하셨다는 말에 고난에는 서
로를 연결하고 공감대를 통해 위로를 경험하게 하는 신비가
있음을 알게 됩니다. 실제로 아픔은 우리를 연결하고, 그 연
결은 우리가 단지 돈이나 이익 때문이 아니라 훨씬 더 고결
한 가치를 위해 살아갈 때 가장 행복한 사람이 될 수 있다는
사실을 일깨워 줍니다. 이렇게 고난은 신비가 됩니다.

저희 가정에 닥친 고난을 통해 저희도 이렇게 신비스러
운 은혜를 경험합니다. 함께 손 내밀어 사랑과 격려를 보여
주신 많은 분들의 사랑을 기억하면서 저희 가족 모두는 남은

삶을 살아가며 아픈 분들의 아픔을 헤아리고 고난 속에 함께 하는 은혜의 신비를 경험하는 통로로 살고 싶습니다.

✦ ✦

수술하고 꼭 2주가 됐습니다. 수술 부위는 여전히 잘 아물지 않고 있고요. 오늘은 소장 출혈은 아니지만 다른 출혈이 있었습니다. 몸은 힘겹게 버티고 있지만 생명의 징후는 조금씩 약화되는 것을 봅니다.

현재 병원에서 호스피스 돌봄을 시작하기로 했습니다. 대한민국의 의료법은 암 환자에게만 호스피스를 허락하기에 아내는 해당이 안 됩니다. 그래서 호스피스 병동으로 옮기지 않고 기존 병실에 남아 호스피스 협진을 받아 임종 관리를 하는 방식으로 진행하게 됩니다. 통증 관리를 하면서 가장 덜 고통스럽고 의미 있는 임종이 되도록 최선의 노력을 다할 계획입니다. 이미 아내와 충분히 대화를 나누고 이별을 해서 아쉬울 것이 없어야 하는데 여전히 믿기지 않을 만큼 보내고 싶지 않습니다.

둘째와 막내가 병원을 지키고 첫째와 저는 집으로 왔습니다. 운전해 돌아오는 길에도 그냥 왈칵, 집에서 설거지하면서도 왈칵. 수시로 복받치는 감정이 올라옵니다.

그간 저는 아이들에게는 병원에서 밤을 보내지 않도록 했습니다. 길고 외롭고 낮과 다른 다양한 정서적·육체적 도

전들을 직면하는 야간 병원지기 경험을 아이들이 감당하기 힘들지 않을까 걱정하는 마음 때문이었습니다. 하지만 오늘 집에 와서 제 다른 속마음을 보게 되었습니다. 아내 없는 집이 너무 낯설고 괴로워, 힘들고 불편한 병원이라도 아내 곁에 있는 게 차라리 좋아서 아이들에게 집에 있으라고 하고 저는 병원에 있길 선호했던 것이었습니다.

갑자기 가슴이 터질 것 같은 그리움과 막막함이 밀려옵니다. 어떻게 살아가야 할지 안절부절, 어린아이가 된 것 같은 제 마음은 벌써 아내의 부재에 신음하고 있습니다.

아내의 삶이 많은 분들의 삶에 중요한 영향을 끼치고 영감이 되었나 봅니다. 많은 분들이 안타까워하며 아내와의 이별을 애통해하고 있습니다. 평생 고통과 더불어 살며 많은 제약 가운데 고난을 겪으며 살았던 한 사람의 삶이 이렇게 여러 분들의 삶에서 소중한 자리를 차지하게 된 것을 보며, 충만하고 멋지게 살아온 아내의 삶을 저도 경축하게 됩니다. 그래서 아내를 잃는 진정한 애도는 아내가 삶으로 보여 줬던 정신을 각자의 삶에서 충실히 살아 내는 것으로 완성되길 기대합니다. 저부터도 그렇게 살려 합니다. 자유롭게, 용감하게, 현명하게.

2025년 2월 13일 일반 병실에 어둠이 내리고 있습니다. 큰딸은 귀가했고, 이젠 익숙해진 병실의 밤을 맞습니다. 너무나 멀쩡히 돌아가는 창밖의 세상을 보며, 인간의 고통이 가진 철저한 고독을 느낍니다. 심지어 아내 곁의 저도 아내의 고통을 조금이라도 가져올 수가 없습니다. 이처럼 고통은 오롯이 각자의 몫입니다. 하지만 공감과 연대는 그 고통을 덜 느끼게 만드는 힘이 있습니다. 타인의 고통을 내가 가져올 수는 없어도 덜어줄 수는 있다는 것을 이 모든 과정을 겪으며 여러분의 사랑을 통해 경험하는 중입니다. 그래서 다시 한 번 그 사랑에 감사를 드립니다. 혼자였다면 무너져도 철저히 무너졌을 싸움에서 그 사랑 덕분에 지금까지 견딜 수 있었습니다.

오전에 호스피스 선생님이 오셔서 공식적으로 호스피스 돌봄을 하기로 서명했습니다. 사실 지금까지도 그랬지만 더욱 본격적으로 완화 치료에 들어갑니다. 실제로 수액 하나는 중단하고 떼어 냈습니다. 위기에도 대응하지 않고 존엄하고 편안하게 임종을 맞도록 의료적·영적 지원을 받게 됩니다. 다행이고 감사합니다. 다른 병원으로 가지 않고, 1인실에서 할인된 가격으로 병실 사용료 부담을 줄여 지낼 수 있게 됐습니다.

병상 위의 아내는 여전히 잠을 자고 있습니다. 오늘도 출혈이 있었지만 치우고 닦아 주는 처치만 했을 뿐 다른 치료는 안 했습니다. 더디게 가도 힘들고 빨리 가도 힘든 이 어려운 시간이 이어지고 있습니다. 심박수, 혈압, 산소 포화도, 호흡수 등의 지표는 불안한데 급격히 나빠지는 것 없이 며칠째 유지하는 중입니다. 심각한 건강 악화 상태인 아내가 이렇게 견디고 있는 게 참으로 놀랍습니다. 2주 전 목요일부터 높은 심박수가 계속되고 있는데, 최소 1초에 두 번 이상 뛰는 채로 지금까지 심장이 버텨 주었습니다. 마지막 생명력까지 불태우고 주께 가려나 봅니다.

아침에 음동성 목사님을 모시고 가족예배를 드렸습니다. 아내에게 임종시에 계속 빛을 따라가서 예수께로 가라고 말씀해 주셨고, 제게는 아들을 잃은 후 일상으로 돌아온 다윗처럼 슬픔을 딛고 다시 소명을 향해 꿈을 꾸고 살기를 권면하셨습니다. 그러고 싶지만, 애도의 과정이 얼마나 걸릴지 현재로서는 자신이 없습니다. 저희가 신혼부부 시절에 희연이를 낳고 유아세례를 받았던 아름다운 추억이 있는 교회의 담임이셨던 음 목사님이 오셔서 아주 특별한 시간을 가졌습니다. 아내에게 목사님이 "나 음동성 목사야" 하시자 눈을 뜨고 알아보고 고개를 끄덕이기까지 했습니다.

호스피스 단계로 돌입하니 임종기 환자 보호자를 둔 가족을 위한 소책자를 주셔서 찬찬히 읽어 보았습니다. 유익하고 알아야 할 내용이 많았습니다. 그중에 가족들이 함께 대화할 수 있는 자료가 있었는데 이런 내용이 있었습니다. "당신의 삶을 있는 그대로 존중합니다. 참 잘 사셨어요. 환자의 삶이 가족에게 준 긍정적인 의미를 찾아보세요. 당신은 다만 당신이란 이유만으로 사랑과 존중을 받을 자격이 있습니다."

이런 대화를 임종기가 아닌 평상시에 할 수 있는 가족이라면 참 복된 가족이겠다 싶습니다. 부디 글을 읽으시는 분들이 서로의 소중함을 다시 깨닫고 있을 때 그 소중함을 마음껏 누리시길 기도합니다.

2025년 2월 14일 자정부터 호흡이 힘겨워지고 산소 포화도가 자주 90 아래로 떨어지는 중입니다. 안정제 기운에 잠을 자면서도 힘든 신음소리가 이어집니다. 살고 죽는 결정을 우리가 하는 게 아니니 죽음으로 가는 과정에도 주님의 시간표를 의지하고 따르는 중입니다. 가장 적절한 기다림의 과정이라 믿고 인내합니다. 이미 결정된 죽음의 길을 고통을 견디며 걷는 아내 곁에서, 골고다로 가시는 주님의 삶을 묵상합니다.

아내의 삶이 저희 가족들에게 끼친 영향이야 절대적이죠. 제가 한 인간으로 성숙하는 데 아내의 생각과 가치와 태도와 헌신이 결정적 역할을 했고, 이번 위기를 거치며 보니 아이들도 엄마를 통해 너무나 많은 자질들을 물려받았음을 봅니다. 아이들이 엄마에게 배우고 얻은 가치관과 판단과 책임과 자율과 태도 같은 것들이 자기 것으로 자리 잡고 있는 걸 보면서 감사하는 마음입니다.

아울러 전화, 문자, 방문 등으로 아내와의 소중했던 만남과 추억을 나누는 중에 아내의 삶을 통해 받은 감사한 기억들에 대해 듣습니다. 그분들의 이야기를 통해 아내가 가진 진실한 삶의 태도가 고난으로 이어진 아내의 삶 속에서 아름답게 빛나고 있었다는 것을 깨닫습니다. 작은 예수로 본인의 삶에 닥친 고난에도 불구하고 일관되게 살아온 아내는 저희 가족의 울타리를 넘어 많은 분들의 삶에도 연결되어 있었습니다. 이렇게 공생애를 살아 낸 아내의 삶을 축복하며 감사합니다.

✦ ✦

어제는 아내의 유언에 따라 시신 기증 서류 작업을 마무리했습니다. 이제 의학 교육이나 연구를 위해 활용될 시신으로 이 땅에서의 아내의 인생은 마침표를 찍습니다. 이렇게 아내의 생명은 저희 가족과 지인들과 세상을 위해 마지막까지 흘러가게 됩니다. 아내의 감사하고 충만한 삶을 여러분들과 이 공간에서 나눌 수 있어서 참으로 다행이고 감사합니다.

✦ ✦

아내는 계속해서 열이 오릅니다. 간호사 선생님은 체온을 재고, 38도를 넘으면 담당 선생님의 승낙을 받아 해열제를 줍니다. 방금도 열을 재고 갔습니다.

호스피스에서 가족의 임종을 경험한 두어 분의 경험을 들었습니다. 마치 죽기만을 기다리며 아무것도 안 해 주는 듯한 인상 때문에 마음이 많이 불편했던 기억을 나눠 주었습니다. 어차피 죽을 사람이니 이런 것까지 할 필요 있겠나 싶은 것들을 호스피스 병동에서는 많이 생략했을지 모르겠네요.

지금 아내는 일반 병실에 남아 호스피스 케어와 일반 병실 케어를 동시에 받는 중입니다. 그러다 보니 어떻게든 환자를 살려 내고 환자의 상태를 살피려는 간호사들의 노력을 보며 한없이 뭉클하고 감동하고 고마운 마음이 듭니다. 호스피스 병동에서는 어떠한지 경험이 없으니 제가 비교할 수는 없으나, 그런 점에서 아내가 주께로 가는 길에 한 가지 감사한 제목이 더 추가되네요.

✦　✦　✦

지난 일요일부터 아내는 미다졸람이라는 안정제와 모르핀이라는 진통제로 통증을 관리하며 지내 왔습니다. 그러니 내리 6일째 약물로 잠을 재운 상황입니다. 저는 이렇게 하루하루 연장되는 헤어짐의 순간을 기다리며 아내가 소통하지 못한 채 깊은 잠만 자는 것이 아쉬워 호스피스 선생님께 혹시 안정제를 줄여 아내의 의식을 돌아오게 하고, 통증을 느낀다면 진통제를 늘리는 방법을 시도해 볼 수 있겠냐고 물었습니다. 원한다면 그렇게 해 봐도 좋고 만약 다시 아프다면 안정제를 다시 투약하면 된다고 하셨습니다.

그래서 오후에는 미다졸람을 끊고 모르핀을 25% 증가

시켜 투약을 시작했습니다. 시간이 흐르면서 아내가 눈을 뜨고 있는 시간이 늘기 시작했고 인상을 쓰면서 고통스런 신음소리를 내기 시작했습니다. 잠재워 의식을 속여 두었을 뿐 아내의 고통은 여전히 진행형이었습니다. 그래서 결국 의료진에게 부탁해 미다졸람을 다시 투여했고, 이윽고 잠이 들기 시작한 아내는 한결 편안해졌습니다.

종일 혼자서는 움직일 수도 없는 아내는 거의 식물인간 수준의 상태입니다. 그래서 잘못하면 욕창이 생길 수 있습니다. 가능하면 가끔씩 자세를 바꿔 주려 하는데 세 시간을 넘기지 않아야 하기에 여간 까다로운 과제가 아닙니다.

어젯밤에는 아내가 세 번째로 혈변을 보았습니다. 혼자 감당할 일이 아니어서 간호사 선생님들의 도움을 청했고 세 분의 도움으로 결국 뒤처리를 했습니다. 다 마치고 둘은 자리를 떠났고 한 분이 남아 잠시 대화를 하게 됐습니다. 여기서 지내는 동안 간호사 선생님들의 헌신적인 섬김에 감동하고 있다고 감사를 전했습니다. 그랬더니 지난번 입원 때부터 아내를 알게 되어 더 마음이 쓰이고 최선을 다하려 한다고 대답을 하면서 본인도 자가면역질환을 갖고 있어 남의 일 같지 않다는 말을 했습니다. 그 말을 듣는 순간, 아내가 이 간호사 얘기를 한 게 생각이 났습니다. 이 병동의 간호사 중에 자가면역질환을 갖고 있지만 근무 중인 사람이 있다는 것이었습니다. 그렇게 얘기가 이어지며 그 간호사도 젖은 눈시울로 인사를 하고 병실을 나갔습니다.

　동병상련이라고 하죠. 아픔은, 특히 같은 종류의 아픔은 사람들을 연결시키고 그 공감대가 사람으로 하여금 행복감과 삶의 이유를 찾게 돕습니다. 아픔으로 가득한 세상, 그 아픔을 숨기고 포장하지 않고 진솔하게 나누면서 서로의 아픔으로 인해 하나가 되고 성숙해 갈 수 있다면, 아픔 때문에 겪은 마음의 고생도 잊고 감사할 수 있지 않을까 싶습니다.

2025년 2월 15일 '자유롭게'

　아내가 마음에 품고 살았던 삶의 가치와 지향점 가운데 첫 번째는 자유로운 삶이었습니다. 아내는 남의 눈과 평가에 신경 쓰지 않고 자기 길을 걸을 수 있는 사람이었습니다. 세상의 기준과 눈길에 흔들리지 않고 자기답게 살아가는 사람이었고 그런 점에서 자유인이었습니다. 하지만 가까운 사람들의 평가에는 매우 많은 영향을 받았고, 제가 아내를 평가하는 말을 할 때는 항상 신중해야 뒤탈이 없었습니다.

　자유는 진리와 함께 얻어집니다. 본질과 비본질을 구분하게 되고, 중요한 것과 주변적인 것들을 구분하게 되면 많은 것들로부터 속박되지 않고 자유로운 삶을 향해 나아갈 수 있습니다. 아내는 늘 중요하고 본질적인 가치들을 우선시하고 살았습니다. 남들이 규정한 삶이 아니라 본인의 소명에 맞는 삶을 추구하며 살았습니다. 그래서 아내는 자유인이었습니다.

아내는 늘 성실했습니다. 투병으로 삶의 무게가 천근만 근 무거웠지만, 완벽한 살림을 하고 육아를 하고 남편을 도 왔습니다. 고통이라는 질고에 노예가 되길 거부하고 일상을 살아 냈고, 본인의 관심사를 추구하며 저술, 강의, 독서 모임, 상담, 손님 초대 등의 활동으로 본인의 영역을 넓혀 갔습니 다. 그는 질병에도 갇히지 않은 자유인이었습니다.

이제 참 자유로 가는 마지막 관문을 남겨 두고 있습니다.

"내가 들으니 보좌에서 큰 음성이 나서 이르되 보라, 하 나님의 장막이 사람들과 함께 있으매 하나님이 그들과 함께 계시리니 그들은 하나님의 백성이 되고 하나님은 친히 그들 과 함께 계셔서 모든 눈물을 그 눈에서 닦아 주시니 다시는 사망이 없고 애통하는 것이나 곡하는 것이나 아픈 것이 다시 있지 아니하리니 처음 것들이 다 지나갔음이러라"(요한계시록 21:3-4).

아내가 눈물도, 사망도, 애통하는 것, 곡하는 것, 아픈 것 이 없는 주님 품으로 가는 중입니다. 서서히 생명의 기운을 내려놓는 아내의 임종 과정을 보며, 삶과 죽음은 이진법이 아니라 하나의 과정임을 배웁니다. 아내가 이제 진통제나 안 정제의 힘을 의지할 필요 없이 고통 없는 진정한 자유를 향 해 가고 있습니다. 그래서 그 걸음을 슬퍼하지 않고 축하하 려 합니다. 비록 지금도 두 뺨에 눈물이 흐르지만요.

산소 포화도가 90 아래로 내려가면 모니터는 경고음을 울립니다. 전보다 훨씬 더 자주 울리고 있습니다. 이렇게 호흡이 불안정한 상태가 지속되자 담당 전공의는 산소 공급을 조금 더 많이 하겠다고 합니다. 잠시 이것도 연명 치료에 해당하는지 궁금해 확인을 했고, 임종기의 환자들도 모두 하는 조치라고 해서 곧 아내는 호흡 관련된 추가적 도움을 받게 됩니다.

아내는 임종기 환자의 전형적 호흡(체인스토크스 호흡이라고 부르네요)을 보이고 있습니다. 무호흡이 있다가 급한 심호흡 쉬기를 반복하는 중입니다. 이 무호흡의 시간이 길어지는 것은 임종이 가까워진다는 뜻입니다. 산소를 공급한다고 임종을 많이 늦출 수는 없다고 하지만 산소를 중단하면 임종 시기를 상당히 앞당길 수 있다고 하네요. 이런 선택 앞에서도 고민하고 고뇌하게 됩니다. 한국은 임종기 환자들에게 산소 공급이 표준 조치라 들어서 일단은 따르기로 합니다.

열흘 후인 2월 25일은 아내의 55번째 생일입니다. 아무래도 아내는 55세를 맞지 못하고 주님께로 갈 것 같습니다. 이렇게 빨리, 너무나 아깝게 간다는 사실에 몸부림을 쳤습니다. 가슴을 짓누르는 슬픔의 무게에 심장이 터질 것 같은 아픔도 느꼈습니다. 저는 늘 언젠가 아내가 저보다 빨리 갈 수 있다는 일종의 마음의 준비를 했습니다. 그런데 그때가 제 생각에는 65세 이후일 것으로 기대하고 있었습니다. 아이들을 다 키웠고, 인생의 연륜도 쌓았고, 아내와 함께 사람들을 초대해 깊은 대화를 나누며 많은 분들의 인생에 동행하는 사람이 되고 싶었습니다. 그런데 이렇게 갑자기 봉변을 당하니 너무나 견디기 힘들었습니다.

그제는 자기 전에 생각을 정리하며 아내가 너무 빨리 가서 이렇게 아픈가, 65세까지 살다 갔다면 안 아플까 자문해 봤습니다. 그랬더니 그때는 그때의 아픔이 있을 게 분명했습니다. 비록 지금 갑자기, 너무 일찍, 황금기를 함께 누리지 못하고 떠나게 된 아픔은 분명하지만, 너무 아파하지 않기로 했습니다. 모든 이별은 슬플 수밖에 없으니까요.

대신 일찍 떠난 아내 몫을 기억하며 잘 살아가야겠다는 생각을 합니다. 아내의 삶이 추구해 온 정신을 잘 살아 내어 많은 이들을 사랑하며 살기로 다짐합니다. 슬픔을 곱씹어 영혼의 자양분으로 삼아 많은 분들에게 받은 사랑의 빚을 조금이라도 갚으며 살아가려 합니다.

2025년 2월 16일 오늘은 아내가 저희와 살아 숨 쉬며 육신으로 함께 할 수 있는 마지막 주일이 될 가능성이 높습니다. 아이들을 불러 가족으로 모여 예배를 드리기로 했습니다. 아내가 좋아하는 찬송도 준비했고, 부활의 소망을 나눌 말씀 본문도 준비했습니다. 각자, 대표로, 공동으로 드릴 기도의 시간도 있습니다. 하나님의 임재와 축복을 기대합니다.

마지막 숨까지 주의 길을 걸으며 고된 삶의 무게를 지고 견디는 아내를 보며, 제자도의 마지막 두 단계인 의존과 죽음을 통해 주님의 길을 죽기까지 따르는 삶의 고뇌와 영광을 동시에 경험합니다. 참으로 고통스럽고 아름다운 경험입니다.

✦ ✦ ✦

살기도 어렵지만 죽는 것도 결코 쉽지 않네요. 아내가 서서히 생명의 기운을 잃어 가는 과정은 생각보다 길고 고통스러운 시간이 되고 있습니다. 산 사람의 몸에 죽음의 기운이 드리우는 가슴 먹먹한 현실을 바라보고 있습니다. 아침에 보니 밤새 아내의 오른손과 손목 위까지 괴사가 진행되고 있었습니다. 산소 포화도는 떨어지고 혈압도 많이 낮아졌습니다. 이렇게 조금씩 아내와의 이별이 가까워지고 있습니다.

병원에서 다시 아이들을 부르라고 해서 아이들이 왔고, 이젠 가족이 되어 버린 김중안 간사님 가족도 왔습니다. 함께 옛 추억들을 얘기하며 웃었고, 사랑했다 고백하며 울었습니다. 아이들이 엄마 사진을 고르면서 하도 떠들었는지 옆 병실에서 불만이 접수돼 아이들을 집으로 쫓아 보내고 이제 저만 남아 아내와의 마지막 순간들을 보냅니다.

아내의 장례식을 맡아 줄 장례 지도사 목사님께서 다녀

가셨습니다. 아내와 인연이 있는 분이고 워낙 진실하게 장례 지도를 해 오신 분이 아내가 가는 길을 안내해 주신다니 마음이 한결 편안하고 감사합니다.

지난 13년간 아내의 주치의로 섬겨 주신 선생님이 공교롭게 아내의 투병 기간 동안 해외에 계셨는데 공항에 도착해 바로 달려오셨습니다. 아내는 "제가 선생님의 환자여서 영광이었고 감사했습니다"라고 고백을 했습니다. 저도 같은 마음입니다. 비록 마지막 2년은 참 고생했지만, 그동안에도 큰 탈 없이 저술, 강의 등의 활동을 하면서 집안까지 돌볼 수 있도록 아내의 건강을 지켜 주신 선생님께 감사드립니다.

이제 아내의 육신의 시계는 조금씩 마무리되고 있습니다. 그렇지만 지금까지 충만한 삶을 살아왔고, 마지막 순간 소중한 사람들과 충분히 이별했고, 장례도 평소 생각해 두었던 분을 통해 치를 수 있으니 아내는 행복한 사람입니다. 그 행복을 기억하며 슬픔을 이깁니다.

2025년 2월 17일 (임종 당일 오전) 우리 몸은 하나님의 지으신 섭리와 놀라운 균형으로 죽음의 순간까지 충성스럽게 기능합니다. 온몸에 산소와 영양을 공급하기 위해 심장과 폐는 쉼 없이 일합니다. 신장도 우리 몸의 노폐물을 걸러 내어 배출시키고 깨끗한 피가 유지되도록 일합니다. 아내의 장기들은 끝까지 최선을 다해 신적 의무를 다하고 있습니다. 지금 먼저 기능을 멈춘 것은 신장입니다. 그 다음은 폐나 심장이 되겠지요. 마지막 순간까지 생명(生命), 즉 '살라는 명령'에 철저히 순종하는 우리 몸의 신비를 경험하며 그 처절한 숭고함 앞에 숙연해집니다.

지금 아내의 몸에는 생명과 죽음이 공존합니다. 여전히 힘겹지만 숨을 쉬고 있고 심장이 1초마다 두 번씩 뛰고 있습니다. 하지만 신체의 말단부터 괴사 또한 진행되고 있습니다. 너무나 가슴이 미어지는 이 현실 앞에 마지막 숨까지 살라는 명령에 따라 숨 쉬는 아내를 존경심과 경외감을 갖고 바라봅니다. 그리고 눈물을 흘리며 했던 말을 또 반복해 고백합니다. "경아야, 너무나 고마웠어. 이렇게 과분한 사람과 살 수 있었던 나는 너무나 행운아였어. 아프게 했던 것들 미안해. 용서해 줘. 더 사랑했어야 했는데, 이렇게 간절한 순간이 오기 전에 최선을 다해 사랑했어야 했는데 그러지 못해 미안해. 이제 걱정 말고 주님께로 빛을 따라 자유롭게 떠나. 우리랑 다시 만날 때까지 행복하게 지내고, 우리 도착하면 환영해 줘."

✦ ✦

아내는 공식적으로 오전 10시 24분에 주님 품으로 길을 떠났습니다. 아주 평온히, 곤히 자듯 떠나 주어 큰 위로가 되었습니다. 너무 많이 아팠는데 마무리는 너무나도 평온해서 참

다행입니다.

✦ ✦ ✦

아내의 장례식 일정이 정해졌습니다. 내일 화요일 오전부터 수요일 밤까지만 빈소를 운영합니다. 이 여정에 동행해 주신 모든 분들께 깊은 감사의 말씀 드립니다.

2025년 2월 21일

남편이 쓴 아내의 부고

학생 시절 우리 학교 IVF 대표가 되었을 때, 나 혼자서 모든 일을 할 수는 없으니 종종 다른 사람에게 일을 부탁해야 했는데 맡긴 일을 늘 기대 이상으로 늘 잘해 준 사람이 김경아였다. 다들 한똑똑 하는 사람들이 모인 곳이었지만 그중에서도 아내는 똑 부러진 면이 있었다.

1988년 3월, IVF 동아리방 앞에 한 여학생이 조심스레 문 앞에 서 있었다. "들어가시죠"라고 권하며 안으로 안내해 잠시 인사를 나누고, 옆의 학생회관으로 데려가 "묻지도 않고" 우유를 사다 건네며 IVF 소개를 했는데 그 학생이 바로 김경아였다.

내가 2학년 2학기, 아내는 1학년 2학기. 우리는 같은 소그룹이 되었다. 리더가 두 명이고 멤버가 네 명인 시스템을 시도해 봤는데, 그때 아내가 나의 멤버가 되었다. 그 학기에 아내는 무척 힘든 일이 많았다. 특히 심각한 연애 관계로 인한 아픔이 있었고, 소그룹을 할 때마다 힘든 일을 털어놓곤 했다. 그때 내가 무지막지한 말을 했는데 가끔 그때를 돌아보면 돌에 맞아 죽어도 싼 말이었다. "경아, 너는 삶 나눔을 하는 거니 아니면 하소연을 하는 거니?" 이 말 한마디로 나는 사실 아내의 마음에서 생매장이 되었어야 하는데, 그 상처를 받은 아내는 나를 저주하지 않고 인내해 주었다.

그해 가을, 극도의 스트레스 상황 때문이었는지 아내는 지금까지 그를 따라다닌 류마티스 관절염이라는 불청객을 만나게 되었다. 만 18살, 그 어린 나이의 대학 신입생에게 닥친 현실은 너무나 가혹했고 학창 시절은 늘 건강 문제로 우여곡절을 겪는 고난의 연속이었다.

졸업 후 아내의 첫 일터는 IVF였다. 정식으로 간사 일을 한 것은 아니지만 인턴처럼 캠퍼스 사역을 했다. 그해 여름 수련회에서 아내는 전체 찬양팀 인도를 했다. 대학을 졸업한 첫해, 정식 간사도 아닌 신분이었고 여성이었지만 남성들만 하던 영역에 최초의 여성 찬양 인도자로 섰고 그녀의 카리스마는 실로 대단했다.

우리는 1993년에 결혼했다. 1991년 여름부터 1993년 결혼할 때까지 아내는 소위 '관해' 상태였다. 지긋지긋한 통증과 약에 의존한 생활에 희망이 없다는 생각에 약을 끊었고 즉시 스테로이드 투약을 중단한 사람들이 겪는 쇼크가 찾아왔다. 그 후 신유의 은사가 있다는 권사님을 찾아가 고통 속에 기도를 받으며 서서히 몸이 회복되어 갔다. 그렇게 약에 의존하지 않고 2년 이상을 잘 지내고 결혼에 이르렀지만, 출산 이후 극심한 고통은 다시 찾아와 아내를 지속적으로 괴롭혔다.

우리는 옥탑방에서 신혼살림을 시작했다. 얼마나 좁은 공간이었는지 87학번 친구들을 불러 집들이를 할 때는 앉을 자리가 없어 동심원 두 개로 앉아야 겨우 다 앉을 정도였다. 달력을 보니 결혼하고 첫 달에 거의 20번 정도 손님이 다녀갔다. 그때부터 간사 아내로 살아가며 아내는 수많은 손님들을 치러 냈다. 아내는 그렇게 환대하는 삶을 평생 살았다. 아내는 유학생 부인 시절에도 많은 손님들을 치렀고, 우리는 그렇게 집에서 다른 이들과 먹고 대화하는 것을 삶의 자연스런 일부로 익혀 왔다. 대전에서 대표 간사로 일했던 2001~2005년의 5년간은 인생의 황금기처럼 재미있었다. 그 기간에 우리는 막내 희은이를 입양했고, 우리 집은 간사들, 학생들, 졸업생들이 수시로 드나들며 밥 먹고 얘기하고 놀며 많은 추억을 쌓았다. 나는 뭔가 심각한 얘기를 하려면 뜸을 들이는 데만 한 시간 이상이 필요한데, 아내는 두어 번의 질문 끝에 바로 가장 핵심적인 얘기를 꺼내 묻곤 했다. 그래서 우리 집 딸들은 왜 엄마는 자꾸 언니, 오빠, 삼촌, 이모들을 울리느냐고 묻곤 했다. 그러면 아내는 내가 울린 게 아니라 그냥 자기들이 운 거라고 답하곤 했다.

　그 후에 서울로 오니 대전과 달리 훨씬 좀 삭막한 생활을 하게 됐다. 집에 사람들이 드나드는 일이 확 줄었다. 대신아내는 그때부터 IVF 중앙회에서 「소리」지라는 졸업생들을 위한 월간지 편집팀에 들어가 글쓰기, 기획 등의 영역에서자기 역량을 발휘하기 시작했다. 동시에 여러 자매 간사들을따로 만나 대화하고 돌보고 격려하는 역할을 꾸준히 했다. 그리고 본인의 장점을 살려 결국 책을 쓰기 시작했고, 막내의 입양 이야기를 시작으로 사람들의 관심사이지만 난감한주제인 성에 대한 책을 일반인과 청소년 판으로 두 권을 집필했다. 작년에는 고통과 죽음을 주제로 본인이 겪어 온 질병을 묵상하며 원고를 써 왔는데 시월부터 건강이 악화되면서 완성하지 못한 유고가 되고 말았다.

　2007년에 아내는 MBC 라디오 방송 '여성시대' 공모전에 글을 보내 대상을 받았다. 우리 가족은 다 같이 생방송에초대되어 갔다. 양희은, 송승환 두 분이 진행하는 생방송이었고, 우리 가족 포함 모두 네 가족이 와 있었다. 순위를 모르고 갔다. 이윽고 한 가정씩 순서가 되어 사연을 읽고 심사평을 듣고 어떤 상을 받았는지 확인하는 식이었는데, 한 가족씩 진행되다가 결국 우리 가족이 맨 마지막이었다. 알고 보니 아내가 대상 수상자였고, 2천만 원 상당의 여행 상품권을 받게 된 것이다! 몰디브의 클럽 메드로 온 가족이 다녀올 수 있는 상품권이었다. 아내의 글을 심사한 심사위원장 소설가 성석제 선생님은 아내의 글을 극찬했다.

또 아내는 반편견 입양 교육, 성교육 등의 강사로도 활발히 활동했다. 강의를 준비할 때, 책을 쓸 때 아내의 성실함은 혀를 내두를 정도였다. 꾸준히 자료를 모으고, 연구하고, 독서하고, 메모하고, 강의 내용을 개선하는 등 늘 최선을 다했다. 어느 유튜브 채널의 음해성 공격을 받았을 때 아내는 공황발작을 비롯해 너무나 힘든 시기를 거치기도 했지만 결국 그 모든 시련 끝에 『성을 알면 달라지는 것들』이라는 성에 관한 책을 세상에 내놓기도 했다.

아이 둘을 낳을 때마다 임신 전보다 10킬로그램 가까이 빠질 정도로 힘들게 육아를 해냈다. 그런 아내에게 아이를 하나 입양하자는 제안을 했을 때 아내는 도저히 믿을 수 없다는 눈길로 나를 쳐다보았다. '어떻게 이렇게 육아로 힘들어 하는 아내에게 입양하자는 얘기를 할 수 있는지. 이 사람은 나를 전혀 사랑하지 않는 사람이구나' 하는 생각이 들었단다. 그럼에도 마음에 움직이시는 하나님의 뜻을 따라 결국 함께 입양을 결정했고 세 딸을 놀랍게 키워 냈다.

아내의 호적상 생일은 1월 25일이지만 실제 생일은 2월 25일이다. 아내는 55년을 못 채우고 주님 곁으로 갔다. 하지만 이 아쉽게 짧았던 세월을 살면서 아내는 내가 앞으로 100

년을 더 살아도 따라갈 수 없을 많은 일들을 이뤄 냈다. 아내는 명성과 화려함을 추구하지 않았고, 평생 일부 지인들 사이에서야 인정을 받으며 살았지만 결코 유명한 사람은 아니었고, 명성으로 얻는 경제적 보상도 없었다. 하지만 일관된 삶, 정직한 삶, 진실한 삶, 성실한 삶을 살았고 그의 성실과 사랑은 나도 깜짝 놀랄 만큼 많은 이들의 삶을 움직였고 압도될 만큼 쏟아지는 추모의 물결을 낳았다.

이렇게 똑 부러지게 똑똑한 아내가 남편을 고를 때는 '헛똑똑이'가 되어 나 같은 사람을 만나 가정을 이뤄 한평생을 살았다. 그래서 고생도 많고 상처나 실망도 많았던 결혼 생활을 31년 4개월 하고 아내는 떠났다. 이렇게 아내를 보내고 나서야 내가 얼마나 행운아였고 복이 터진 사람이었는지를 깨닫는다. 우리 인간은 참으로 어리석어서 놓치고 나서야 소중함을 깨닫는다. 부디 지금이라도 세상의 모든 부부가 서로를 사랑하기에도 너무나 시간이 부족하다는 것을 깨닫게 되길 기대하며, 아내의 천국행을 슬픔 속에 축하한다.

2025년 2월 22일 '용감하게'

천성이 걱정 많고 최악의 시나리오를 먼저 생각하는 아내에게 용감하게 산다는 것은 천성을 거스리는 선택을 의미합니다. 아내는 에니어그램 6번, 곧 충성스러운 사람입니다. 매사에 성실하고 꼼꼼하고 정확한 사람입니다. 6번 성향이

성숙하려면 두려움을 극복해야 합니다. 두려움 때문에 성실하게 살고, 걱정스런 상황이 생기지 않도록 최선을 다해 사는 사람입니다. 하지만 두려움에 지배받지 않고, 때로는 용감한 선택을 내리며 살아온 아내는 두려움을 극복하며 살아온 참으로 성숙한 사람이었습니다.

아내의 첫 번째 용기는 저를 선택한 데서 발견됩니다. 제게 먼저 사랑을 고백했습니다. 많이들 아시는 얘기인데, 아내는 제게 양희은의 '알고 있나요'라는 노래를 아느냐고, 기회가 되면 한번 들어 보라는 말을 했습니다. 그 노랫말은 이렇습니다. "당신을 만나면 나는 그냥 웃고 인사하지만 알고 있나요 당신 때문에 나는 마음 부서지는 것을⋯⋯."

아무리 눈치가 없어도 이 노래를 들으면 바로 무슨 뜻인지 알 수밖에 없는 가사입니다. 그런데 제가 이 노래를 듣고도 두 달 동안 아무런 내색을 하지 않고 아내의 애를 태웠습니다. 결국 어느 날 아내는 용기를 내어 저한테 할 얘기가 있다고 카페에 가자고 했습니다. 차마 제 눈을 쳐다보지 못하고 저를 향한 자기의 속마음을 얘기하기 시작했습니다. 만약 이 마음이 서로에게 동일하지 않다고 하더라도, 앞으로 계속 좋은 친구로 남았으면 좋겠다고 하면서 말을 마쳤습니다. 이어서 제가 물었습니다. 이제 제가 말해도 되겠냐고. 그러라고 합니다. "나 사실 두 달 전에 이 노래 들었어." 그 순간 아내의 눈에서 나온 레이저를 저는 잊지 못합니다. 그렇게 그날부터 저희는 교제를 시작했고 2년 후에 결혼했습니다.

부부로 살면서 갈등이나 관계의 어려움이 생기면 아내가 먼저 용기를 내어 관계를 풀어 갔습니다. 저는 차마 마음에 용기가 나지 않아 꺼내지 못한 얘기들을 아내가 먼저 꺼내화해하곤 했습니다. 저는 비겁했지만 아내는 용감했습니다.

막내를 입양할 때도 자기 몸이 부서지더라도, 어차피 이렇게 죽으나 저렇게 죽으나 죽기는 매한가지이니 옳은 일을하며 죽겠다고 과감히 결단을 내렸습니다. 철없는 저는 아이들이 좋아서 그냥 아무 생각 없이 입양을 하자고 했지만, 그선택의 무게를 아는 아내는 많이 고민했고 내적 갈등의 시간을 거쳤습니다. 그러다가 우리 집에 종종 놀러 오던 한 학생이 불의의 사고로 세상을 떠나는 모습을 보고는 결국 과감한선택을 하게 됩니다. 죽음을 맞이하기 전에 어떻게든 바른선택을 하며 살아야겠다는 마음이었습니다. 그렇게 우리 가족이 된 막내는 이제 대학교 3학년, 의젓한 우리 가족 구성원으로 잘 자라 주었습니다.

그리고 지난 몇 주간 극한의 고통 속에서 아내가 보인용기는 죽음을 극복하고 또 받아들인 용기입니다. 소장 천공, 응급 수술, 패혈증으로 사경을 헤매고 있을 때 중환자실에 들어가 만난 아내는 지옥의 문턱에 있는 것처럼 위태로운상황이었습니다. 억장이 무너지는 처참한 광경으로 누워 있던 아내의 묶인 손을 풀어 주자 간신히 펜을 들고 종이에 자기 이야기를 적었습니다. "내가 죽을 뻔했어." 다른 장에 다시 한마디 적었습니다. "살게." 의료진의 말을 들으니 아내는 당시에 9대 1 정도의 확률로 중환자실을 살아 나가기 어려워 보였답니다. 하지만 정말 기적과 같이 그 다음날부터 아내의 상태는 놀랍게 회복되었고, 결국 중환자실을 벗어나 일반 병실로 와서 가족들을 만날 수 있었습니다.

하지만 사흘 만에 소장에서 출혈이 시작되었고 이루 말할 수 없는 통증과 함께 다시 위기가 찾아왔습니다. 여기서 통증을 참아 가며 치료를 이어 갈지 아니면 연명을 포기하고 죽음을 맞이할지 선택을 해야 했는데 아내는 너무도 명료하게 자신이 가야 할 길을 알았습니다. "나는 내 길을 갈 거야. 내가 가야 할 길이야." 수혈을 여섯 팩이나 했으나 혈액 검사를 해 보니 여덟 팩 정도의 출혈이 수치로 확인되었습니다. 추가로 수혈을 하지 않고 죽음을 받아들이는 결정을 했습니다. 웬만한 진통제로 통증이 안 잡혔기 때문에 결국 모르핀의 양도 늘리고 잠을 깊이 재우는 약까지 썼습니다. 그 결정을 하고 8일 만에 아내는 주님 곁으로 홀연히 떠나갔습니다. 중간에 자면서도 고통을 느낄 때가 있었지만, 마지막 순간은 세상에서 가장 평온한 호흡으로 조용하게 마지막 숨을 내쉬고 주님께 갔습니다.

아내의 인생 모토 두 번째는 "용감하게"입니다. 이렇게 용감한 삶을 살고, 용감한 죽음을 선택해 주께로 돌아간 아내를 추억합니다. 저는 그 용기의 10분의 1도 따라가지 못할 것 같습니다.

2025년 2월 23일 죽음이 얼마나 매정한지 실감했던 날은 2004년 5월 31일 아침 찬란한 태양과 함께 날이 밝을 때였다. 그 전날 우리 부부가 사랑했던 한 여학생이 불의의 사고로 세상을 떠났는데, 세상은 너무나 무심하고 찬란하고 아무런 일이 없었다는듯 돌아가는 걸 보면서 가슴 먹먹하게 슬펐던 기억이 난다. 이 사고는 두 가지 큰 고통을 남겼다. 사고로 떠난 친구와 딸을 슬퍼하는 고통, 예기치 못한 사고를 내서 친구를 죽음에 이르게 한 한 남학생과 그 가족의 고통. 난 그 죽음이 남긴 신학적 질문들에 여전히 답을 할 수가 없다. 하나님은 어디 계셨고, 왜 보호해 주지 않으셨는가? 위로 받기를 거절하신 그 부모님의 참담한 슬픔과, 감당할 수 없는 자책감에 슬퍼했던 한 청년의 고통을 보며 괴로운 날들을 보냈다.

　　지난 수요일, 아내의 입관예배에 앞서 입관식이 있었다. 저온 안치실에서 나온 아내의 몸은 차가웠으나 아내의 피부는 여전히 부드러웠다. 아내의 볼에 내 볼을 대고 있는데, 얼마 전까지 온기와 생기가 남아 있던 아내의 몸은 이제 돌아올 수 없는 강을 건넌 상태였다. 너무나 매정하게도 죽음은 아내를 내게 돌려줄 생각이 없었다.

　　지난 일요일, 아내와 함께하는 마지막 주일일 것이란 생각에 아이들을 불러 병실에서 같이 예배를 드렸다. 그때 내가 나눈 본문 중 이런 내용이 있다. "만일 그리스도 안에서 우리가 바라는 것이 다만 이 세상의 삶뿐이면 모든 사람 가운데 우리가 더욱 불쌍한 자이리라. 그러나 이제 그리스도께서 죽은 자 가운데서 다시 살아나사 잠자는 자들의 첫 열매가 되셨도다"(고린도전서 15:19-20).

만약 우리에게 영원과 부활에 대한 믿음과 소망이 없다면 모든 사람 가운데 우리가 더욱 불쌍한 자라는 그 진단처럼, 영원과 부활의 소망이 없다면 우리는 이 세상이 전부인 양 하늘 무서운 줄 모르고 이 땅의 것에만 집착해 살아가는 자들보다 훨씬 더 불행한 사람들일 것이다.

나는 소망한다. 고통과 슬픔 없는 곳에서 아내를 다시 만나 영원한 생명을 누릴 날이 올 것을. 하나님의 품 안에서 현재의 가족, 부부 관계가 어떤 의미를 갖는지는 모르지만, 그런 소망이 없다면 지금 한순간도 견딜 수 없을 것 같다.

2025년 2월 24일 '현명하게'

아내가 품고 살았던 삶의 방향 중 마지막 세 번째는 "현명하게"입니다. 지식이 많다, 똑똑하다 등의 표현으로는 담아낼 수 없는 삶에 대한 통찰과 깊이가 태도와 만나 형성되는 자질이 현명함입니다. 물론 아내는 똑똑했습니다. 전교 등수도 늘 상위권이었고, 재수 끝에 대학에 들어간 저와 달리 단번에 합격을 했으니까요. 하지만 똑똑하다고 현명하지 않다는 것은 우리 주변의 사례에서 흔히 확인됩니다.

아내는 정치적인 사람이 아니어서 늘 저한테 "당신은 말로 천 냥 빚을 갚고 나는 말로 천 냥 빚을 진다"고 한탄하곤 했습니다. 아내는 남의 등 뒤에서 무슨 말을 하기보다는 상대방을 대면해서 얘기하는 게 옳다고 믿었습니다. 굳이 찾아다니며 누군가에게 지적질을 하지는 않았지만, 누군가 만나 대화할 때는 마음속에 있는 진실을 사랑 안에서 말하는 편이었습니다. 그러다 보면 오해를 받거나 미움을 사기도 했습니다. 저는 하고 싶은 말도 못하고 그냥 두루뭉술 얘기하는 편이지만, 아내는 핵심을 잘 짚어 내고 표현해 내는 능력이 있었습니다. 언뜻 보면 불리할 것 같은 성향이지만, 다른 사람들에게 가장 중요한 도움을 줄 수 있는 현명한 사람이었습니다.

자유롭고 용감하게 산다고 해서 그게 타인에 대한 배려를 접고 방종하게 사는 것을 의미해서는 안 됩니다. 아내는 자기 맘대로 사는 사람이 전혀 아니었습니다. 자기를 존중하면서도 이기적이지 않은 삶을 살아온 지혜로운 사람입니다. 자아가 없지도, 자아만 남지도 않은 사람이었습니다. 자기를 우상시하지 않으면서 다른 사람들에 의해 규정되지 않고 자기답게 살며 다른 이들을 잘 섬기고 사랑해 온 사람입니다. 이게 얼마나 어려운 일인지는 자기 보호와 자기중심성 사이에서 고민해 본 모든 분들은 다 아실 것입니다.

제가 그 곁에서 가장 큰 수혜자가 됐습니다. 31년 4개월을 함께 살면서 제게는 흑역사의 순간들이 너무나 많았습니다. 그랬던 저를 이해할 수 없고 용납할 수 없어서 갈등하던 순간들도 많았지만. 저와 적극적으로 부딪히기도 하고 조언하고 기다리기도 하면서 지금까지 저를 인간의 길로 이끌어준 사람이 아내입니다. 지금 돌아보면 부끄럽고 미성숙한 모습으로 저지른 수많은 실수들을 참아 내며 지혜로 인내해 준 아내가 참으로 고마울 뿐입니다.

현명한 아내였지만 모든 관계가 다 좋을 수는 없었습니다. 풀지 못한 숙제로 남은 관계도 있지만 마음속에 담아 둔 얘기를 다 못한 채 홀연히 아내는 떠났습니다. 여기서 저는 우리 인생의 유한함을 단지 시간의 한계뿐 아니라 모든 것을 다 좋게 마칠 수 없는 한계 속에서도 발견하게 됩니다. 아쉬운 대목은 아쉽게 마무리 될 수밖에 없는 우리 인생의 한계를 수용하게 됩니다.

자유롭게, 용감하게, 현명하게 살아온 아내의 이야기를 많은 분들이 기억하고 표현하고 나누고 추모하는 것을 보면서 다시 한 번 제가 얼마나 큰 복을 지난 세월 누려 왔는가 재확인합니다. 하늘 길을 떠난 아내는 이제 이런 얘기일랑 그만하고 각자의 삶에서 자기 분량껏 성실하게 살아가면 제일 행복해 할 것 같습니다. 제가 아내를 추모하는 길은 아내의 뜻대로 제 삶을 차분히 살아 내는 것이라 믿습니다. 자유롭고, 용감하고, 현명하게 말입니다.

2025년 2월 25일 아내 없이 맞이하는 아내의 첫 생일날이다. 채 55년을 못 살고 영원한 여정을 떠난 아내. 사별은 예상도 못했고, 준비도 안 됐고, 그야말로 날벼락처럼 닥쳤다. 아직도 실감나지 않는 이 충격이 현실임을 매일, 순간순간 확인하며 살고 있다. 그 빈자리가 이제 일상이 될 때쯤이면 아프게 다가오는 슬픔이 가라앉게 될까?

희연이는 내일 밤이면 공항으로 가서 목요일 새벽 카메룬으로 출국한다. 그래서 보령에 있다는 아내의 수목장 예정지도 볼 겸 홍성에 얻어 놓은 시골집에 와서 아이들과 엄마 없는 하룻밤을 보냈다. 바비큐 해 먹고 고구마 구워 먹으며 즐거운 시간을 보내는데 깊은 바닥에 슬픔이 가시질 않는다. 부재의 아픔을 이렇게 확인한다.

오늘 고맙게도 입양 가족들이 아내를 생각하며 아내 없는 생일잔치를 하신다고 들었다. 입양 가족 한 가정이 하는 카페에서 아내와의 추억을 함께 나누신다니 그 따뜻한 마음이 고맙다. 우리 가족은 장모님이 차려 주시는 아내 없는 생일상을 받을 예정이다. 딸을 먼저 보내고 생일상을 차리시는 장모님의 애절한 아픔이 함께 모인 자리에서 조금이나마 위로를 경험하면 좋겠지만 어머님의 마음도 어쩔 수 없이 슬프고 아릴 것이다.

정작 장례 중에는 경황이 없어 못했는데, 새벽에 아내의 옛 사진들을 꺼내 보았다. 눈부시게 아름답고 성실하고 멋지게 살아온 아내의 삶의 자취, 계속 이어진 투병의 상흔들을 본다. 그렇게 충만하고 헌신적으로 살아온 인생으로 인해 내가 누린 복만큼 아내의 부재가 더 아프게 다가온다. 하지만 이 슬픔은 피해 가는 게 아니라 겪어야 하는 것, 헤아려야 하는 것이기에 그 슬픔을 오는 대로 받아들이고 있다. 앞으로도 한동안은 그럴 수밖에 없을 것 같다.

내년 아내의 생일에는 아내가 꿈꿨던 생전 장례식처럼, 아내의 지인들과 아내를 추억하는 자리를 만들면 좋겠다는 생각을 한다. 그때 우리는 아내의 삶이 남긴 유산 덕에 각자 어떻게 한 해를 살았는지 다양한 이야기보따리를 들고 만나면 좋겠다.

✦ ✦
✦

장례처럼 아무리 준비한다 해도 당황스러운 일이 또 있을까? 아내는 본인의 죽음이나 장례에 대해 많은 고민을 해 왔고 자료도 많이 찾아 두었고 본인이 원하는 방향도 정해 두었다. 문제는 나였다. 나는 아직 먼 이야기라고 해서 귀담아 듣거나 진지하게 생각하지 않고 있다가 갑작스런 상황을 맞았다.

우리는 장례를 주관해 주는 상조업체에 가입이 되어 있

지 않았는데, 감사하게도 사돈댁에서 가입해 둔 상조업체를 통해 장례를 치를 수 있게 해 주겠다는 사려 깊은 제안을 받았다. 그렇게 상업적 장례 업체를 통해 장례를 진행할 뻔했는데, 아내의 가까운 지인이 내게 연락해 장례 지도사 한 분을 소개해 주었다. 이분은 목사이고 서점도 운영하시는 분이고 직접 상조업체도 운영하고 계셨다. 그 소개를 받고 기억이 났다. 아내도 이분을 알고 있었고, 이분을 통해 장례를 하면 좋겠다는 바람도 갖고 있었다. 그래서 사돈댁의 호의에 대해 감사와 죄송한 마음을 갖고 거절 의사를 전달하고 이분과 장례의 전 과정을 함께하게 되었다.

그 결과는 여러모로 만족스러웠다. 식당에서 음식 나르는 일을 하시는 도우미 분들의 태도도 우리 가족에게 매우 친절하고 호의적이셨고, 이틀간 1천 명이 넘게 온 걸로 생각되는 엄청난 손님들을 무사히 맞이할 수 있었다. 아내를 보내는 과정에서 그 모든 것이 가진 의미와 정신을 잘 설명해 주고 마음을 다해 도와주신 장례 지도사 목사님의 존재감은 우리 모두에게 안도감과 평안함을 선물했다. 그리고 오늘은 아내가 원했던 장례 방식인 수목장을 구체적으로 알아보기 위해 보령에 있는 '국립 기억의 숲'에 다녀왔다. 현재 분양 중인 유일한 국립 수목장이다. 이곳 소개도 사돈댁에서 해 주셨는데, 그곳에서 놀라운 환대를 받고 아름다운 취지에 대한 설명을 듣고 경험하면서 이곳에 장례하면 아내가 가장 좋아할 것이라는 확신이 들었다. 수목장은 사설과 국립으로 나뉘는데, 국립은 나무가 크고 자연친화적인데 반해 사설 수목장 시설들은 인공적이고 나무도 작은 곳들이 대부분이다. 수목장 방식은 그간 조금씩 변천해 왔는데, 지금은 유골함을 묻지 않고 한지에 유골을 잘 담아 30센티미터 정도의 깊이에 묻고 전혀 무덤의 느낌이 나지 않도록 한단다. 그러면 미생물에 의해 유골은 분해되어 나무뿌리를 통해 흡수되어 완벽하게 자연으로 돌아가는 방식이라고 한다. 기억의 숲 관장님의 설명처럼, 아내는 그렇게 우리에게 숲을 선물하고 떠나가는 셈이다.

시신 기증을 한 아내의 유골이 언제 우리에게 돌아올지는 모르지만, 감사하게도 이런 특수 상황을 이해하신 관장님이 배려로 일단 아내의 수목장을 할 나무를 예약해 두었다. 이제 이곳에 아내의 유골을 안치함으로써, 본인의 시신까지 의학 연구에 기여하고 마지막으로 자연의 일부로 흡수되는 과정을 통해 아내는 이 땅에서의 모든 역할에 마침표를 찍게 될 것이다. 그렇게 우리 곁을 떠난 아내는 그럼에도 우리 안에 한동안 살아 있을 것이다. 오늘 가족들은 아내 없이 아내의 생일을 축하하기 위해 장모님 댁에 모여 맛있는 음식을 먹고 아내에 대한 추억을 나누며 슬픔을 달랬다. 아내의 삶의 자취를 그리워하고 또 아내의 멋진 삶을 따라 살길 다짐하며, 우리의 마음과 정서 속에 살아 있는 아내를 오늘도 우리는 마음껏 누렸다.

2025년 2월 26일 나와 함께 울어 주시는 하나님은 경험했으나
아내를 고쳐 주시는 하나님은 경험하지 못했다. 나와 함께
고통당하지 않으셔도 좋으니 아내만 온전히 회복시켜 주시
고 내게 다시 돌려주시면 좋겠다 기도했지만 이번에도 하나
님은 치유 대신 동행으로 함께하셨다. 이 하나님을 내가 어
떻게 이해하고 받아들이며 살아야 할까?

　　아내의 장례식은 거룩한 소명감을 재확인해 주는 자리
였다. 많은 분들이 진심으로 애통해하며 전해 주는 위로를
경험하며, 아내와 내가 살아온 삶의 가치를 눈으로 마음으로
재확인할 수 있었다. 재벌도 유명인사도 아닌 소박한 한 사
람의 장례식장에 찾아온 이들의 진심을 접하면서, 나를 위해
살지 않고 다른 사람들을 위해 살겠다고 선택한 것이 어떤
결실을 맺는지 선명하게 보았다. 아내를 향한 하나님의 칭찬
이었고 동시에 나를 향해 어떻게 살아야 할지 알겠냐 하는
하나님의 질문이었다.

　　내가 하는 소위 기독교 사역이란 것의 80%는 아내가 했
고 나는 숟가락만 얹었을 뿐이다. 장례를 마치고 아내의 빈
자리를 가슴 시리게 느끼면서, 아내가 해 왔던 환대와 사랑
의 섬김을 어떻게든 이어 가길 다짐한다. 내가 비록 남의 문
제를 해결해 줄 역량은 없지만, 함께 아파하고 함께 기뻐하

고 함께 걷는 일은 어떻게든 하겠다는 다짐을 했다. 내가 겪은 하나님이 바로 그런 분이셨다. 비록 문제를 거둬 가지는 않으셨지만 그 과정에 함께하신 분. 내 남은 생을 내게 허락하신 사람들과 함께 걷는 것, 그것이 내가 만난 하나님을 제대로 섬기며 사는 삶일 것이다.

2025년 2월 27일 워낙 정신없는 시간들을 보내고 있어서 지금 가만히 지나온 순간들을 되짚어 보면 기억이 혼재되고 뒤섞여 있음을 알게 된다. 중요한 고비에 사진도 찍어 놓고 동영상도 남겨 두었다. 그것을 찍을 때는 죄책감도 들었다. 아픈 사람, 이별을 앞둔 사람의 순간을 기록하는 것이 나를 같이 아파하는 사람이 아니라 객관적 관찰자로 서 있게 한다고 느껴졌기 때문이다. 어제 새벽, 그간 두려워 살펴보지 못했던 사진과 영상들을 눈물 흘리며 다시 봤다. 그리고 그렇게 기록으로 남겨 둔 것이 무척 다행이다 싶었다. 기록은 기억을 지배하기 때문이다.

아내는 여러 종류의 마약성 진통제로 버티느라 의식이 떨어지는 순간에도 명료한 판단으로 자신의 생각과 마음을 정확한 언어로 표현했다. 아내의 뜻은 분명했다. 어떻게든 살리는 게 중요한 게 아니라 아버지께로 갈 길을 가면서 남겨 둔 사람들에게 사랑과 고마움과 미안함을 표현하는 것으로 자신의 삶을 존엄하게 마무리하는 것이었다.

아내의 병실에는 평소 아내가 자주 듣던 찬송과 복음성가가 배경 음악으로 재생되고 있었는데, 아내가 이 땅에서 마지막 숨을 쉬는 동안 흘러나온 노래가 있다. "무거운 짐 진 사람은 다 내게로 오라. 내가 너희를 쉬게 하리라. 나의 멍에는 메기 쉬우니 너희 영혼이 쉼을 얻으리. 나의 아버지, 주를 찬양합니다. 하늘과 땅의 주님을 찬양합니다. 스스로 높은 자들에겐 은혜를 감추시고 어린아이들에겐 나타내십니다. 다 내게로 오라. 모두 나에게 나오라. 그 무거운 짐 내려놓아라." 이 곡을 들으며 아내는 평온히 주님께로 갔다.

아내의 부재로 인한 슬픔이 몰아칠 때면 나도 모르게 눈물이 나는데, 아이들이 "궁상 금지"라고 한마디한다. 앞으로 얼마나 더 궁상을 떨지 모르지만, 지금 내게는 충분히 애도할 시간이 필요하다.

2025년 3월 1일 나와 함께 애도해 주러, 내가 애도하는 것을 지지하러 와 준 친구가 있어서 그랬는지 오늘은 정말 많이 울었다. 아내에 대한 기억을 나누며, 함께했던 마지막 순간을 자세히 얘기하며, 아내의 부재를 뼈아프게 느끼며 많이 울었다. 난 한 사람이 이렇게 지속적으로 많이 울 수 있을 줄 몰랐다. 남편으로서 아내의 부재로 인해 슬프고, 아빠로서 엄마의 부재로 슬퍼할 아이들을 생각하니 슬프다.

존재는 우리의 오감으로 확인된다. 존재하는 것은 우리

가 볼 수 있고 만질 수 있고 들을 수 있다. 하지만 부재는 어떻게 확인하는가? 없는 것을 어떻게 느끼는가? 오감으로는 못 느낀다. 하지만 아픔을 통해서 느낀다. 부재를 확인하는 감각은 아픔이다. 온 맘으로 아파하며 아내의 부재를 확인한다.

아내가 이리 떠나게 될 줄 본인도 나도 예상하지 못했다. 갑자기 도둑맞은 느낌이다. 주로 슬픔에 휩싸이지만 한두 번 정도는 분노를 경험했다. 아내를 빼앗긴 분노에 운전하면서 뱃속에서부터 올라오는 소리로 고함을 치며 절규해 보기도 했다. 하지만 안다. 아내는 떠나야 할 때에 본인의 방식으로 용감하게 갔음을. 그래서 슬픔 속에서도 감사할 일이 많음을 안다.

오늘 대화하면서 마치 하나님은 아내의 죽음을 앞두고 나를 준비해 오신 것처럼 지난 시간의 조각들이 맞춰지는 것을 느꼈다. 작년 말까지 나는 비노스 라마찬드라의 책『오직 고통당하는 하나님만이』를 번역했다. 고통, 죽음, 소망에 관한 신학적·과학적 성찰을 담은 탁월한 책이다. 이 책을 번역하면서 배우고 깨달은 것이 많았는데, 아내의 투병과 장례 과정에 그때 깨달은 것들이 큰 도움이 되었다. 번역할 때는 아니었지만, 이제 나도 비노스처럼 홀아비가 되었다. 이 책을 번역하는 과정은 나보다 앞서 아내를 잃었던 비노스를 통해 나 자신의 애도를 준비하는 과정이 되었다.

또 작년부터 나는 캐나다의 한 목회자에게서 한 달에

한 번씩 영성 지도를 받고 있다. 이분도 8년 전 아내가 51세일 때 사별하여 혼자된 분이다. 시작할 때는 그냥 이분이 고통과 인생의 깊이를 아는 분이어서 신뢰했지만, 이제는 서로 같은 처지를 공감하면서 만날 수 있었다. 지난 수요일 영성 지도 때는 지난달에 만나고 한 달 만에 내게 닥친 일로 인해 그분도 마음 깊이 아파하셨고, 우리는 그 전과는 다른 차원의 깊이와 공감을 경험하며 대화할 수 있었다.

너무 갑작스럽게 떠나보냈지만, 돌아보면 그 모든 과정에 상황을 조율하신 하나님의 손길이 있었음을 보게 된다. 무엇보다 세 딸이 모두 한국에 있었고, 시간을 많이 낼 수 있었고, 충분한 시간을 엄마와 보낼 수 있었다. 중환자실을 나와 잘 이별할 기회를 주시길 기도했는데 그 바람이 기적처럼 이뤄졌다. 아내는 아이들, 다른 가족들, 지인들에게 남기고 싶은 말을 남기고 떠날 수 있었다.

아내의 마지막 순간을 담아 놓은 영상을 다시 보며 아내의 용기에 거듭 놀라게 된다. 존엄한 죽음을 택함에 있어 흔들림과 망설임이 일절 없었고 그 길을 너무나 고귀한 자세로 갔다. 하나님은 아내에게 가장 평온한 호흡을 허락하셨고 잠들듯 당신 품으로 데려가셨다.

한 달 넘게 죽음과 애도의 과정을 기록했다. 계획에 없던 일이었지만, 돌아보니 내가 이렇게 글로 내 맘을 정리하고 주께 올려 드리지 않고는 살 수가 없을 것 같아 시작한 일이다. 부디 아내의 고난과 선택과 죽음의 과정이 죽음을 통해서도 일하시는 하나님을 신뢰하고 자기의 때에 자기답게 떠나는 선택을 하는 데 참고 자료가 되면 좋겠다.

2025년 3월 2일 죄와 사망은 인간의 숙명이다. 죄는 하나님이라는 존재 없이 인생을 살아 보려는 성향이다. 죄는 평생 우리를 따라다니며 우리를 거짓에 사로잡히게 한다. 예수께서는 이 죄의 문제를 십자가에 달리는 방식으로 해결하셨다. 죄의 대가를 몸소 치르셨다. 우리의 또 다른 숙명인 사망은 우리가 살아 있는 동안에는 두려움으로 작용하다가 결국 때가 되면 우리를 영원히 이 땅에서 데려감으로 그 힘을 발휘한다. 성경적 관점에 따르면 이 둘은 사실 같은 뿌리이다. 하나님으로부터 떠난 인간은 대지에서 뿌리 뽑힌 나무처럼 결국 사망에 이르게 되기 때문이다. 아내의 죽음을 겪으면서 이 죽음을 해결하신 부활에 대해 다시 생각하지 않을 수 없다.

인간으로 오셔서 무력하게 죽으시고 부활하신 주님. 이 내용처럼 황당하고 믿기 어려운 기록이 또 어디 있을까 싶다. 이 세상을 구원하신다면 그냥 능력을 발휘하시고, 그 전능한 힘으로 한방에 모든 문제, 죽음, 죄까지 해결하실 수도 있는 분이 왜 이렇게 이해할 수 없는 방식으로 오셨을까? 여전히 하나님이 일하시는 방식은 우리 이성으로 다 정리되지 않는다.

아내의 인간됨은 질병과 사망에 이르는 과정에서 고스란히 드러났다. 죽음의 그림자가 아내의 몸에 드리우는 과정을 고통스럽게 지켜보며 죽음의 실재를 생생하게 겪었다. 인간이 피할 수 없는 숙명인 죽음이 이토록 처절하고 냉혹한 것임을 고통 중에 경험했다.

2주 전 주일 아침, 아내가 여전히 살아 있을 때 병실에서 드린 가족 예배의 본문을 떠올린다. "만일 그리스도 안에서 우리가 바라는 것이 다만 이 세상의 삶뿐이면 모든 사람 가운데 우리가 더욱 불쌍한 자이리라. 그러나 이제 그리스도께서 죽은 자 가운데서 다시 살아나사 잠자는 자들의 첫 열매가 되셨도다"(고린도전서 15:19-20).

신학교 시절 읽었던 빅터 프랭클의 책에 희망이 얼마나 인간의 생존에 중요한지 보여 주는 대목이 있다. 프랭클이 수용되었던 아우슈비츠를 2011년에 방문한 적이 있다. 수용 시설은 이제 관광 상품이자 역사의 교훈을 증거하는 교육의 현장이 되어 있었지만, 그곳에 도착해 버스에서 내리면서부터 무거운 공기가 숨을 조여 오는 것이 느껴졌다. 그만큼 암울하고 죽음의 기운이 가득한 곳이었다. 프랭클은 이 수용소에 있으면서 연말연시에 사람들이 유독 많이 죽어 나가는 것을 보았다. 올해 말에는 전쟁이 끝나겠지 기대했지만 해가 바뀌어도 여전히 전쟁이 지속되는 것을 보는 절망이 사람들의 희망을 사라지게 만들고 결국 희망을 잃은 사람들은 삶의 의지마저 상실하여 죽음에 이르게 되는 것을 본 것이다. 희망은 살아갈 이유와 힘을 주고, 절망은 살아갈 이유를 지우고 죽음을 재촉한다.

내가 바라는 희망은 아내와 재회하는 것만이 아니다. 우리가 바라는 것이 겨우 이 땅에서 살며 경험하는 것이 전부라면 "모든 사람 가운데 우리가 더욱 불쌍한 자"이기에 우리는 이 세상 너머를 향한 희망이 필요하다. 그래야 허망하고 손해 보는 것 같은 이 땅에서의 삶을 충실하게 살아 낼 수 있고, 그때에야 영원에만 존재하는 줄 알았던 천국을 여기서도 맛보며 살아갈 수 있기 때문이다. 십자가에서 죄를 해결하시고 부활로 죽음을 극복하신 그리스도를 통해 이 땅에서 오늘을 왜, 어떻게 살아가야 하는지 배우고 이 슬픔과 낙심을 이기며 오늘도 하루를 시작한다. 희망이 너무나 절실한 하루하루를 산다.

2025년 3월 3일 조금 전 Chong을 김포공항에 내려 주고 왔다. 금요일 밤에 도착해 오늘 아침까지, 참 많은 얘기를 나누며 울고 웃고 생각과 마음을 정리하는 기회를 가졌다. 그에게 고백했다. 이 세상을 다 줘도 아내와 바꿀 생각이 없는데 그런 아내를 이제 잃어버렸다고. 그렇지만 아내가 가면서 남겨 놓은 것들, 보게 한 것들은 너무도 귀하고 소중하다고. 아내가 떠나지 않았다면 발견하고 깨닫고 얻을 수 없었을 수많은 선물들이 있었는데, 그거 다 돌려주고라도 아내를 다시 얻을 수 있다면 그렇게 하고 싶다고. 그러나 이제는 그 선물들을 통해 내 인생의 새로운 장을 열어야 한다는 걸 깨달았다고. 그리고 그대가 방문해서 함께 보낸 시간은 그 새로운 장을 여는 출발점이 되어 주었다고 고백했다.

내가 받은 선물은 사랑이었다. 수많은 조문객들의 진심 어린 애도, 먼 길을 마다 않고 찾아와 준 사랑에 압도되어 그 마음을 확인했다. 그 사랑에는 내 인생을 어떻게 살아야 할지를 보여 주는 메시지와 힘이 담겨 있었다. 사랑을 받고 사랑을 베푸는 인생이야말로 너무나 소중하고 귀한 것임을 눈으로 볼 수 있었다. 그래서 남은 삶을 받은 사랑을 본받아 조금이라도 더 사랑하며 살라는 부르심으로 받아들인다. 작년 4월 말로 IVF 일을 마무리했고, 직장 두 군데에서 파트타임으로 일하며 화해 포럼을 섬기는 역할을 병행했는데, 이제는 조금 더 시간을 내어 사람들의 삶에 동행하고 화해 포럼을 본격적으로 섬기며 살아야겠다는 마음이 선명하게 정리되었다.

홍성에는 11월부터 얻어 놓은 시골집이 하나 있다. 작년 10월 그곳을 빌릴 가능성을 염두에 두고 방문했는데, 오래 비어 있던 집을 계약도 하지 않은 채 아내와 함께 청소했다. 서울로 올라오는 길에 아내가 말했다. "우리 이 집 계약해야겠네. 청소한 게 아까워서라도." 그렇게 아내의 허락으로 얻은 시골집은 내가 늘 꿈꾸던 '환대와 우정(Hospitality and Friendship, HOF)의 집'으로 향후 아내와 함께 많은 이들이 방문해 함께 대화하고 맛있는 것 먹고 일상에서 꺼내 볼 수 없었던 마음속 아픔과 묻어 둔 얘기들을 나누며 더불어 성장하고 주님의 길을 걸어갈 힘을 얻는 공간이 되어야 했다. 이제 아내가 없이 그 공간을 어찌 활용해야 할지 막막했는데, Chong과 보낸 2박 3일의 시간은 내가 호프집을 어떻게 꾸려 가야 할지를 가늠해 보는 중요한 시험 무대가 되었다. 아내의 부재 속에 시작된 환대와 우정의 집 생활은 앞으로 더 많은 이야기를 만들고 접하며 벗들과 함께 걷는 여정이 될 것이다.

✦ ✦
✦

오늘은 아내가 주님께로 간 지 꼭 2주가 되는 날이다. 2월 15일 토요일, 잠시 기도하던 중에 갑자기 '월요일'이라는 단어가 뇌리에 꽂혔다. 그 단어가 떠오르는 순간 아내가 월요일에 떠나가겠구나 하는 생각이 들었었다. 그렇지만 아내의 상태는 월요일 아침까지 큰 변화가 없었다. 그런데 잠시 후 거짓말처럼 아내의 신체 징후가 떨어지기 시작했다. 우선, 분당 심박수가 떨어지기 시작했다. 아울러 산소 포화도도 떨어지기 시작했고, 힘겹게 쉬던 숨이 차분하고 편안해졌고, 혈압도 많이 내려갔다. 모든 것이 동반 하락하기 시작한 후 아내는 2시간이 채 안 되어 평온히 잠들었다. 벌써 2주가 흘러간 게 믿어지지 않는다. 이렇게 시간은 내가 통제할 수 없이 흐른다. 이 시간의 흐름을 슬픔으로만 보낼 수 없기에 마음을 추스른다. 눈물과 콧물을 닦아 내고 새롭게 보인 세상을 향해 다시 용기를 내어 발길을 내딛는다. 이렇게 내 인생의 새로운 장을 조심스레 시작한다.

2025년 3월 6일 아내는 평소에 늘 책을 읽고, 메모하고, 글을 쓰며 살았다. 그러면서 세 권의 책을 냈다. 그리고 작년에는 고통과 죽음이라는 주제의 책을 쓰려고 그간 읽었던 책에서 많은 내용을 발췌, 정리하고 과거 일기장을 꺼내 주요한 대목을 컴퓨터에 옮겨 두었고, 힘든 몸으로 화면 앞에 앉아 꽤 많은 내용을 원고의 형태로 정리해 두었다. 본래는 12월까지 탈고하는 게 목표였지만 마지막 3개월간 몸 상태가 안 좋고 입원까지 하게 되면서 결국 아내의 마지막 책은 미완성 유고가 되고 말았다.

아내가 떠나게 된 상실감은 내게 많은 변화를 가져오고 있다. 무엇보다 삶의 내용과 방향을 근본적으로 재점검하면서 무엇이 중요하고 본질적이고 내게 주어진 길인지를 생각하게 만들었다. 지금까지 살아온 삶을 전체적으로 돌아보지 않을 수 없었고, 아내가 없기 때문이기도 하지만 앞으로의 삶을 무엇을 위해 어떻게 살아야 할지 묻게 되었다. 아내의 삶으로도 나는 중요한 삶의 형성 경험을 했고, 아내의 죽음으로도 남은 삶의 내용과 방향에 중요한 영향을 받고 있다.

크고 근본적인 것 외에 지금 단기적으로 중요한 일은 아내가 남긴 원고를 책으로 출판하는 것이다. 새벽에 깨어 원고를 살펴봤는데, 1988년 아플 때부터 힘들었던 순간들을 발췌해 놓은 일기 속 아픔의 기록들이 별도의 파일로 있었다. 가슴이 아파 읽기 힘들 정도였다. 열여덟 살 어린 나이로 통증과 외로움을 삶의 동반자로 맞았고, 그 현실은 결혼해서 나와 함께 사는 동안에도 근본적으로 달라지지 않았다. 그렇게 아내는 37년간 환자라는 정체성으로 불청객이 된 통증을 품고 살았다.

아내의 원고 마지막 장은 죽음이란 주제를 다루고 있다. 아내를 보내는 과정에서 내가 몸소 아내 곁에서 겪은 일들이 마치 예견이라도 한듯 그 안에 정리되어 있었다. 아내는 자기 신념에 따라 준비된 과정을 담담하고 의연하게 걸어 주님 곁으로 간 것이다.

이 책을 내는 것은 내가 남편으로 갖는 일종의 사명감이고 부채 의식이다. 이 책을 통해 지인들은 아내와 새롭게 다시 만나게 되길, 아내를 모르던 이들은 한 사람의 삶과 고통과 죽음의 이야기를 접하며 인생을 만나게 되길 기대한다.

2025년 3월 9일 지난 2월 7일 금요일 저녁 7시 30분. 중환자실에서 죽지 않고 고비를 넘겨 일반 병실로 나온 아내에게는 소장에서 출혈이 시작되는 새로운 위기가 닥쳤다. 심상치 않은 상황에 우리 부부는 중요한 대화를 나눴고, 그 대화를 다행히 영상으로 남겨 두었다. 지금까지 그 영상을 몇 번 다시 보면서 울기도 많이 울었고, 아내의 마음을 다시 헤아리고 소중한 모습을 되새긴다.

이런 대화들이 영상에 남아 있다.

1. 마지막 순간까지 감출 수 없었던 아내의 유머 감각

나: 절박한 상황이 오니까 그냥 의학에 맡기고 널 보낸다는 게 너무너무 속상한 거야. 평소에는 몰랐는데 간다고 생각하니까 미치는 줄 알았어.

아내: 그래? 평소에는 왜 몰랐지?

2. 아내의 의연한 의지

나: 지금까지는 잘 이별할 기회라도 주세요 기도했는데, 이젠 잘 죽기 위해 살아온 게 아니라 잘 살기 위해 돌아온 게 되게 해 달라고 간구하게 됐는데, 출혈이 시작되니 당황스럽네. 너를 편히 보내야 하는지 적극적 치료 방법을 찾아야 하는 건지……

아내: 주치의는 (연명 치료를 원치 않는) 내 의향을 알면

서도 전형적인 치료 중심, 개신교 장로님 같은 생각을
하시는 분이야. 하지만 내 뜻은, 첫째, 중환자실은 다
시 안 간다. 둘째, 통증이 너무 중요한 사안이다. 통증
을 잘 다뤄 주면 힘을 내보겠지만 통증을 다룰 수 없
다면 그걸 견디면서까지 살고 싶지는 않다.

3. 애들에게 하고 싶은 말

이번에 너희가 나를 향해 보여 준 사랑과 애정과 존경과
신뢰를 다 확인할 수 있어서 감사한 시간이었어. 늘 애
기했듯 너희 덕분에 내 인생은 너무나 충만했어. 내 인
생을 빛나게 해 줘서 고마워. 그리고 너희를 못 보게 되
는 게 죽을 때 가장 마음 아픈 거야.

4. 어머님께 하고 싶은 말

엄마가 써 준 편지도 다 못 읽고 이렇게 다시 이별의 말
을 할 때가 왔네. 엄마는 내가 가장 원하는 삶을 살기를
바랄 거야. 내가 아프지 않고 살길 바랐잖아. 이제 아프
지 않은 길을 가는 거니까 엄마도 이 길을 원할 거야. 엄
마 없는 곳에 가고 싶지 않았는데, 엄마도 내가 행복한
걸 가장 좋아하니까……. 임사 체험을 한 사람들의 공
통점 중 하나가 가장 사랑하는 사람들이 기다리며 마중
나와 있는 거래. 내가 천국에 가서 엄마 기다릴게.

5. 나한테 하고 싶은 말은 없어?

아내: 김종호 삐쳤구나. 자기랑은 더 빨리 정신 차려 더
즐겁게 살지 못해 미안하고.

나: 나도 마찬가지야. 이렇게 좋은 사람을 빨리 보내는
게 너무 슬퍼. 그런데 여기 와서 느낀 것은 너를 위해
서는 가는 게 낫겠다는 생각이었어. 하지만 중환자실
에서 살아나올 때 "살게"라고 쓰고 의지를 보인 것처
럼 다시 한 번 의지를 발휘해 주길 바라는 마음도 있
어.

아내: I understand.

나: 김경아 사랑해. 나는 진짜 행운아였어.

아내: 그건 늘 알고 있었고. 나를 그렇게 생각해 줘서 고
마워.

6. 경아를 응원했던 많은 지인들, 소중하게 생각했던 친구,
후배, 언니들에게 하고 싶은 말

나를 사랑해 줘서 고마워요. 나를 귀하다 여겨 줘서, 사
랑하고 아껴 줘서 고맙습니다. 내가 상처 준 사람들에게
는 미안합니다. 내가 먼저 가서 여러분들이 천국에 들어
올 때 가장 앞에 서서 환영해 줄게요.

나: 나도 포함돼?

아내: 기꺼이 환영해 줄게. 그런데 어떻게 알아. 자기가

먼저 가서 기다릴 수도 있는 거지. 누가 알아, 그 순서를. 우리가 한꺼번에 같이 가면 아이들에게 미안하지. 한 명은 남아서 애들 지켜봐 줘야지. 당신이 생활력 있으니 살아남아서 할아버지도 되고.

가능하면 죽기 직전에 아이스 아메리카노 먹고 싶다. 아이스라떼도 괜찮고. '하늘애 커피'에서 만든 아이스 아메리카노, 아이스 라떼, 밀크티 먹고 싶다.

그리고 시신 기증 서약을 알아보기만 하고 신청을 완료 못했는데, 그걸 완료해 줘.

(소장 출혈 관련) 상황이 파악되면 실시간으로 누구나 들어올 수 있는 줌 미팅을 한번 해 보자. 지금 이런 상황이라는 것을 알리고 인사를 나눌 수 있으면 좋겠네.

아내와의 소중한 대화를 기록으로 남긴 것은 너무나도 감사하지만, 이때를 떠올릴 때마다 아내를 잃은 상실감은 너무나 큰 아픔으로 되살아난다. 소중한 사람, 내가 누리기에는 너무나도 과분했던 한 생명을 이렇게 추모한다.

2025년 3월 14일 카메룬, 서울, 여수, 달라스. 다 흩어져 살고 있는 가족들이 근황도 나눌 겸 화상 통화로 연결해 만났다. 어떻게들 지내는지, 엄마 보고 싶을 때는 어떻게 하고 있는지 이야기를 나누며 웃고 훌쩍이고 감사한 시간을 보냈다.

아이들은 잘 지내고 있다. 내가 생각했던 것보다 슬픔을 견디는 힘들이 크고, 엄마가 떠난 슬픔을 뛰어넘는 감사한 것이 많다고 했다. 엄마가 남긴 인생의 유산에 대해 공감하고 그로 인해 어떻게 살아야 할지 많은 것들을 배우고 있다고도 했다. 아내가 어떤 존재였는지 부재를 통해 확인하고 있는데, 아이들이 그렇게 엄마를 기억하고 아이들의 삶 속에 엄마가 여전히 살아 있다는 것이 고마웠다.

아이들을 보며 아내가 아니었으면 만날 수 없었을 소중한 딸들이 아내가 남긴 최고의 선물임을 다시 한 번 확인한다. 얘기를 나누기 시작하자마자 나는 아이들 얼굴만 봐도 눈물이 나서 목이 메기 시작하자 아이들은 아빠가 울보가 됐다고 한다. 결국 곁에 챙겨 둔 티슈를 다 쓰고서 통화를 마쳤다. 아직도 아내의 부재가 느껴지면 걷잡을 수 없이 눈물부터 난다. 거의 한 달이 되어 가는데 여전히 익숙해지지 않는다. 그러나 슬픔만 있지 않아서 다행이다. 아내는 떠나면서도 많은 선물을 남겼다. 우정, 사소한 것들이 주는 기쁨, 다시 만나게 된 사람들, 함께 보듬는 아픔들……. 아내 덕에 얻은 게 참 많다.

유가족 편지

아내를 사랑하고 함께 애도해 주신 분들께 감사의 인사를 올립니다.

2월 17일 오전 10시 20분. 아내는 마지막 숨을 쉬며 평온히 주님 곁으로 갔습니다. 오늘이 꼭 한 달이 되는 날입니다. 그 한 달간 저는 슬픔과 위로를 함께 경험하며 아주 조금씩 일상을 되찾고 있습니다.

원래 장례를 마치고 곧바로 찾아 주신 분들께 감사의 인사를 올리는 게 도리인 것을 알면서도 너무 많은 분들이 다녀가셔서 개별적으로 연락드릴 엄두가 나지 않았고, 상실감에 압도되어 쩔쩔맨다는 핑계로 그냥 손 놓고 있었습니다. 그래서 아주 천천히 조금씩 인사를 드리도록 하겠습니다. 이것도 저 나름의 애도 방식이라고 이해해 주시길 부탁드립니다.

직접 찾아오신 분들, 여러 경로로 위로의 마음을 전해 주신 분들 모두 참으로 감사합니다. 장례의 전 과정이 저희 가족에게는 너무나 큰 위로와 격려가 되었습니다. 받을 자격이 없는 사랑을 과분하게 받았습니다. 그 사랑 때문에 무너진 마음을 다잡고 오늘을 살고 내일을 볼 수 있게 되었습니다.

고비가 찾아온 순간 아내는 자신을 응원했던 많은 지인들, 소중하게 생각했던 친구, 후배, 언니들에게 하고 싶은 말을 직접 남겼습니다. 그 말로 저희 인사말을 대신합니다.

"나를 사랑해 줘서 고마워요. 나를 귀하다 여겨 줘서, 사랑하고 아껴 줘서 고맙습니다. 내가 상처 준 사람들에게는 미안합니다. 내가 먼저 가서 여러분들이 천국에 들어올 때 가장 앞에 서서 환영해 줄게요."

천국에서 재회할 날을 소망하며 모든 분들께 진심으로 감사의 말씀을 전합니다.

2025년 3월 17일
유가족 일동

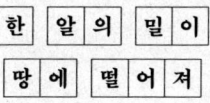

한 알 의 밀 이
땅 에 떨 어 져

김경아 작가의 모습을 기억하며

온종일 이 입관예배를 어떻게 진행할까 생각했습니다. 우선 저는 삶을 자유롭고 용감하고 현명하게 산 김경아 작가의 다양한 모습을 기억하며 예배를 드리고자 합니다. 우리 모두가 슬픔 가운데 모였지만, 고통 속에서도 자유롭게 살아온 경아 자매를 기억합니다. 우리 모두가 어쩔 수 없는 비통함 속에 모였지만, 죽음마저도 의연히 선택한 용감한 경아 작가님을 기억합니다. 우리 모두가 한 남자의 아내요 세 자녀의 엄마로 살아가며 여성이라는 창조의 선물을 회복하는 삶을 살아온 페미니스트 김경아를 생각합니다. 환자 김경아는 질병의 고통에 시달리는 이들에게는 상처입은 치유자였습니다. 의로운 사람 김경아는 거짓이나 잘못된 관점을 보면 참지 않는 따뜻한 지성의 소유자였습니다. 세월호 활동가로 살았던 김경아는 고통의 시대를 찌르는 국가 폭력에 저항하며 생명을 사랑한 거룩한 현자였습니다. 우리는 여러 호칭이 붙은 김경아 님의 거룩하고 묵직한 삶의 무게를 하루 종일 느끼며 이제 입관예배를 드립니다.

오늘 입관예배는 이렇게 진행하려고 합니다. 먼저, 유가족들이 안치실에서 입관 예식을 하고 오겠습니다. 유가족들이 입관 예식을 마치고 나면 이어서 예배를 드리겠습니다. 둘째로, 유가족들이 입관 예식을 하는 동안 조문객 여러분께서는 이곳 예배실에 들어올 때 받은 메모지에 경아 자매의 삶에 관한 추억을 남겨 주시기 바랍니다. 아내로서의 경아, 엄마 경아, 언니요 동생인 경아, 세월호 활동가로서의 경아, 성교육 강사로서의 경아, 입양 활동가로서의 경아를, 그리고 우리의 친구였던 경아를 떠올리며 그에 대한 추억을 남겨 주시기 바랍니다. 셋째로, 추억을 쓰신 분들 가운데 예식 중 앞으로 나오셔서 읽어 주실 분들은 환영합니다. 글귀만 남기길 원하시는 분들은 벽에 세워 둔 보드판에 조용히 붙이시기 바랍니다.

어젯밤에 저는 김경아 간사님의 페이스북에 들어가서 사람들이 남긴 글들을 읽었습니다. 그곳에서 많은 분들을 만났습니다. 제가 미처 읽지 못한 글들, 추억으로 남겨진 다른 글들이 더 많을 것입니다. 제가 읽은 추억의 글귀에는 경아 간사님의 성품에 관하여, 사역에 관하여, 열정에 관하여, 어떤 주장이나 견해에 관하여 적은 글귀들이 많았습니다. 저는 너무 다양한 추억들에 놀랐습니다. 한 사람에 대하여 알고 있는 다양한 관점의 총합을 보았습니다.

- 자유롭게 용감하게 현명하게
- 이 세상에는 옳은 말을 싸가지 없이 하는 사람도 있지만, 경아는 옳은 말을 정확하고 냉정하게 그러나 가장 따뜻하게 하는 사람
- 지상의 굴레를 벗어나 하나님의 얼굴을 만지던 사람
- 자기만 평화로운 남편을 둔 자매가 애처로워서 남의 일 같지 않아서 친구가 되기로 했음.
- 특유의 부드러운 카리스마
- 먹이는 것을 좋아한 퀼트의 여왕
- 일방적인 강의 취소에 강사비 일부를 받아 내는 조항을 삽입하는 지혜로운 경아
- 침묵과 어둠 속에서 가장 치열하던 불꽃
- 37년 동안 지긋지긋한 병과 싸우면서도 인간성을 잃지 않은 경아
- 찰나의 만남 속에서도 향기를 남기는 사람
- 아이가 없었어도 오후에야 그날의 첫 밥술을 뜨는 나

에게 밥을 사 주는 후배

- 부재할 때 더 강력하게 돌아오는 존재인 경아의 죽음 앞에서 위엄
- 집밥을 차려 주시기도 하고
- 주님이 너무 사랑해서 일찍 부르셨다고 생각하는 사람
- 저자의 몸과 경험을 온전히 사랑하신다는 자신감이 배어 있는 삶
- 다시 만날 수 있다는 믿음이 없다면 이 시간 이겨 내기 어려울 것 같다. 엄마, 다시 만나자
- 간사님은 곧 대표로 선임될 것이라는 저의 말에 놀라며 이렇게 말씀하셨죠. "솔직하게 말해도 되요? 잘됐다. 너도 좀 당해 봐라~!"
- 지금 생각해 보면 늘 품어 주셨던 언니
- 많은 이들을 품었던 우리들의 간사님
- 큰 어른 꽃이 지고 죽지만 아이는 살아서 그 일을 이어 가요
- 제 인생에 큰 빛을 졌습니다
- 마지막 순간까지 자유롭고 용감하고 현명한 모습

사람들이 남긴 수많은 추억의 글들을 보며 저는 이 구절을 생각했습니다. "내가 진실로 진실로 너희에게 이르노니 한

알의 밀이 땅에 떨어져 죽지 아니하면 한 알 그대로 있고 죽으면 많은 열매를 맺느니라. 자기의 생명을 사랑하는 자는 잃어버릴 것이요 이 세상에서 자기의 생명을 미워하는 자는 영생하도록 보전하리라. 사람이 나를 섬기려면 나를 따르라. 나 있는 곳에 나를 섬기는 자도 거기 있으리니 사람이 나를 섬기면 내 아버지께서 그를 귀히 여기시리라"(요한복음 12:24-26).

그 고통 속에서! 제가 느낌표를 붙인 이유는 여기 남은 모든 이들이 경아 간사님을 향해 갖고 있는 감정이 이렇게 크고 다양하기 때문입니다. 우리는 정말 놀랐습니다. 한 사람이 이렇게 많은 흔적을 남길 수 있을까요. 고통 가운데 자기 삶을 개척해 온 경아 간사님을 보며 고통은 생명을 낳는다는 것을 깨닫습니다. 고통이 김경아를 간사로 만들고, 페미니스트로 만들고, 활동가로 만들고, 성교육 강사로 만들었습니다. 경아 간사님은 고통 속에서 누구도 넘지 못하는 창조적인 힘으로 세상을 품었습니다. 죽음 앞에서 고통은 멈추었지만, 경아 간사님이 고통 중에 남긴 삶은 어마어마한 생명으로 계속해서 우리들의 삶을 풍요롭게 할 것입니다.

글을 남긴 여러 분들이 "한국의 레이첼 헬드 에반스 여기 잠들다"라고 기록했더라고요. 저도 그렇게 생각했어요. 그리고 저는 큰딸 희연이가 엄마의 부고를 알리는 페이스북

글도 보았습니다. "세 딸의 엄마, 페미니스트, 작가, 번역가, 세월호 활동가, 성교육 강사, 입양 부모"라고 엄마를 소개했더라고요. 희연이가 적은 엄마 소개를 보고 저는 속으로 웃었습니다. 희연이가 한 가지 중요한 요소를 빼먹었기 때문입니다. 김경아 간사는 '김종호 간사님의 아내'라는 사실이 빠졌더라고요. 아마도 경아 간사님이 종호 간사님을 만나서 고통에서 생명으로, 아내에서 성 교육가로, 간사에서 활동가로, 기독교인의 영역에서 보편적인 영역으로 더 확장되었다고 생각합니다. 이렇게 김경아 간사님은 한 남자의 아내로 살아온 멋진 여정을 통하여 자신을 발견하고, 자신을 개발하고, 누군가에게 자기를 주며 살아왔습니다.

입관예배를 마무리하며 이 말씀을 나누고 싶었습니다. 한 알의 밀알이 된 경아 간사님은 아내로서 남편 김종호를 남겼고, 엄마로서 희연·희수·희은이를 남겼고, 작가로서 『너라는 우주를 만나』, 『성을 알면 달라지는 것들』, 『청소년이 성을 알면 달라지는 것들』을 남겼습니다. 세월호 활동가로서 촛불시민혁명을 낳았습니다. 페미니스트로서 여성들의 자유를 향한 투쟁의 삶을 보여 주었습니다. 경아 간사님은 하나님의 형상으로 지은 모든 존재를 향한 사랑으로 충만하게 살았습니다.

경아 간사님을 지으신 하나님께서 이제 경아 간사님을 데려가셨습니다. 이렇게 생명을 잃음으로 영생을 얻은 우리의 친구, 주를 따르는 여정을 마친 우리의 귀한 친구를 아버지께 맡깁니다.

주여, 우리의 친구를 받으소서.

다드림교회 목사

김병년

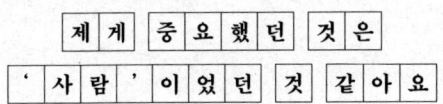

제게 중요했던 것은
'사람'이었던 것 같아요

서울성모병원 류마티스내과 주지현 선생님 인터뷰

김경아(이하 김): 선생님, 안녕하세요? 진료실 밖에서 뵙는
  건 처음이네요. 바쁘신데 인터뷰에 기꺼이 응해 주셔서
  감사합니다.
주지현(이하 주): 제가 김경아 환자에게 미안한 게 많아서 하
  겠다고 했어요.

김: 네? 저한테요? 뭐가 미안하세요?
주: 지난 2년 동안 너무 힘드셨잖아요. 여러 가지 합병증이
  생기니까 의사로서 너무 미안했습니다. 미안한 마음에
  하겠다고 했죠. (웃음) 의사들에게 불문율 같은 게 하나
  있는데요. 환자를 진료실 밖에서 따로 만나지 말라고 합
  니다. 그게 치료에 도움이 안 된다고들 해요. 제가 고등

학생 환자들에게 몇 번 밥을 산 적은 있지만 이 인터뷰는 환자에게 부탁 받은 첫 인터뷰예요. 김경아 환자와는 오래 만나 왔으니 편하게 만날 수 있겠다 싶어서 응하게 되었습니다.

김: 정말 감사드려요. 그럼 본격적으로 시작해 볼까요? 간단하게 선생님의 본인 소개 부탁드립니다.

주: 현재 서울성모병원 류마티스내과 전문의로 일하고 있는 교수 주지현입니다. 2005년에 류마티스내과 전문의가 되었고, 김경아 환자와는 2007년부터 지금까지 의사와 환자로 만나고 있습니다. 김경아 환자가 아주 아팠던 시기도, 괜찮았던 시기도 함께 겪어 왔네요. 대전이 고향인데 이제는 서울살이가 대전에서 지낸 시간보다 길어졌습니다. 소아과 의사 출신인 아내와 함께 아들 둘에 딸 하나, 삼 남매를 키우고 있어요.

김: 내과에도 여러 전문 분야가 있는데 왜 류마티스내과를 선택하셨나요?

주: 몸을 많이 쓰면서 기술적으로 환자들을 돕는 외과도 있고, 우리 눈에 보이지 않는 분야를 생각하고 고민하고 연구하는 내과도 있어요. 물론 그 중간 지점에서 양측을 오가는 과들도 있고요. 내과에는 소화기내과, 호흡기내과,

내분비내과 등등 사람의 생명과 관련한 중요한 과가 많
죠. 류마티스내과는 내과의 한쪽 극단에 있다고 말할 수
있는 임상면역학입니다. 면역학이란 눈에는 안 보이지
만 우리 몸에 지대한 영향을 끼치는 면역계를 연구하는
학문입니다. 그런데 연구가 바로 환자의 치료로 연결되
기에 매력적인 분야였어요. 물론 당시에 이 모든 것을 알
고 결정한 것은 아니었지만요. (웃음)

내과에서 레지던트로 일하던 당시 제게 중요했던
것은 무슨 '과'인가보다는 '사람'이었던 것 같아요. 당시
류마티스내과에 계신 교수님들이 어려운 학문을 집요하
게 파고들면서 열심히 공부하는 모습이 보기 좋았습니
다. 그분들을 보면서 '아, 나도 저렇게 공부하는 의사가
되면 좋겠다' 싶어서 류마티스내과를 선택했죠. 이런 매
력적인 분야를 연구하는 선배님들이 너무 좋았습니다.

특히 제 은사님이셨던 김호연 교수님을 소개하고
싶어요. 김호연 교수님은 1980년대 미국에서 류마티스
내과를 연수하고 한국으로 돌아와 이 영역을 개척하신
원년 멤버시죠. 류마티스내과가 내과의 독립적 분과로
자리 잡는 데 지대한 공헌을 하셨어요. 우리나라에서 처
음으로 류마티스 관절염 환자에게 메토트렉세이트(면역
억제제)를 사용하신 분이기도 하죠. 제가 김 교수님께 학
위를 받은 마지막 제자 중 한 사람이에요. 곁에서 교수님

의 연구에 대한 열정과 노력을 직접 보았기에 그분과 같은 연구자요 의사가 되고 싶었습니다.

김: 제가 1988년에 류마티스 관절염 진단을 받았으니 30년 넘게 자가면역질환자로 살았네요. 류마티스 관절염을 비롯한 자가면역질환 연구는 현재 어디까지 진행되었나요?

주: '면역'이라는 것을 최초로 알아낸 과학자들은 참 대단하죠? 면역에 대한 연구는 처음에는 균에 관한 연구로 시작되었습니다. 이후 균을 비롯한 외부 물질, 바이러스나 독성 물질 등에 대한 면역 연구가 활발하게 진행되었어요. "세포가 살아 있다." 이것은 쉬운 말로 표현하자면, 안과 밖을 구분하는 능력이 있다는 것을 말합니다. 세포는 인위적으로 안과 밖을 다르게 만들어요. 세포막을 기준으로 안과 밖을 다르게 만들죠. 세포막은 요즘 인위적으로 만들 수 있지만, 안과 밖을 다르게 만드는 능력이 있어야만 살아 있는 세포입니다. 사람의 생명이 유지되려면 안과 밖이 다른 상태를 유지해야 합니다. 우리 몸에 있는 중요한 능력으로 혈액과 신경, 면역을 들 수 있는데요. 면역이 활성화되어야 외부의 독성 물질이 내부로 들어와도 몸을 건강하게 유지할 수 있습니다.

면역은 백혈구처럼 외부 물질에 무조건 무식하게

반응해서 염증 반응을 일으키기도 하고, 항체를 이용하기도 해요. 아주 복잡한 시스템입니다. 에너지를 적게 쓰면서도 방어 작용을 잘해야 해요. 그런데 이런 고도의 복잡하고 효율적인 시스템은 고장을 잘 일으켜요. 면역 시스템은 나와 내가 아닌 것을 잘 구분해야 하는데, 이걸 구분을 못해 집요하게 나를 공격하면 자가면역질환이 됩니다. 이 시스템이 한번 고장 나면 우리 몸에 상당히 오랫동안 영향을 끼쳐요. 좋은 시스템인데 고장이 나면 큰 문제가 되죠. 몸의 어디 부위든 공격할 수 있는데, 공격해서 염증 반응을 일으킬 뿐만 아니라 공격이 오랫동안 지속되어서 장기를 손상시킵니다. 류마티스 관절염은 관절의 연골을 손상시키니까 김경아 환자의 손가락도 변형이 많이 왔죠. 이래서 자가면역질환이 어렵습니다. 몸의 일부가 고장 난 것이라 사람이 죽고 사는 문제는 아니지만, 바꿀 수도 없고 만성적으로 유지되어 환자를 괴롭힙니다.

처음에 자가면역질환의 면역과 염증 반응을 연구하는 과학자들은 환자의 몸을 최종 공격하는 놈들만 대상으로, 즉 백혈구 혹은 항체를 만드는 B-세포 등을 처단하는 약품을 개발했어요. 그렇지만 아주 근본적인 면역 반응을 잡지는 못했죠. 지금은 중간까지 온 상태라고 말할 수 있습니다. 앞서 언급한 김호연 교수님은 '면역 관용' 연구를 하셨습니다. 질병을 일으키는 원인 물질인 항원을 아주 조금씩 용량을 높여 투입함으로써 나중에 면역이 '아, 이건 무해하구나'라고 인식하게 만드는 거죠.

제가 전공의를 시작할 당시만 해도 류마티스 관절염 치료에 난항을 겪었어요. 과도한 면역억제제 사용으로 약의 부작용도 심각했고요. 하지만 이제 류마티스 관절염 치료는 아주 잘 되고 있어요. 좋은 약들이 많이 나왔거든요. 난치성이라고 부르기 어려울 정도입니다. 다만, 환자들이 생각하는 '완치'는 아닙니다. 환자들은 '이 약을 먹으면 병이 없어진다', 이런 걸 원해요. 그러나 의사들은 관리하고 통제할 수 있는, 그 정도 상태를 완치로 봅니다. 의사와 환자의 완치 개념에 조금 차이가 나는 것이죠.

지금도 근원적 면역 반응에 관한 연구는 지속되고 있어요. 하지만 의료 현장에서의 요구도가 높지는 않습니다. '왜 내 몸이 내 몸을 공격하는가' 하는 원인은 무수히 많아요. 유전이냐 환경이냐 하는 논의가 끝없이 이어져 왔어요. 그런데 이 분야의 연구가 학문적으로는 재미있으나 그 모든 것을 다 연구하기는 현실적으로 어렵습니다. 특히 그런 연구가 신약 개발로 이어지느냐 하는 지점도 생각해 보아야 하죠. 모든 자가면역질환에 대해 '왜?'를 설명해 주는 이유는 밝히기도 어려울 뿐만 아니라 큰 의미도 없어요. 예를 들어, 자가면역질환과 장내 세균에 관해서만 볼까요? 장내 세균이 엄청나게 다양할 뿐만 아니라, 어떤 환자는 유산균을 먹고 병이 나았다고 하지만 어떤 환자에게는 전혀 먹히지 않습니다. 자가면 역질환은 쉽지 않은 병입니다. 그래도 새로운 면역억제 제가 계속 나오고 있고, 류마티스 관절염 자체는 이제 다루기 어려운 질병은 아닙니다.

김: 선생님도 잘 아시다시피 저는 여러 개의 자가면역질환 을 갖고 있어요. 저처럼 복합만성질환자들에게 어떤 조 언을 해 주시겠어요?

주: 김경아 환자의 유전자를 바꾸면 좋겠지만 그건 불가능 하겠죠. (웃음) 유전자의 문제는 예방이 불가능합니다. 그래도 환경 요인은 조절이 가능하지 않을까 싶어요. 자 가면역질환자들을 조기에 진단하고 빨리 개입해야 관절 의 손상을 줄일 수 있는데, 김경아 환자는 안타깝게도 발 병 초기에 제대로 치료를 받지 못하셨어요.

　　이제 의학의 발달로 몸의 질환 자체에 대한 것은 다 룰 수 있습니다. 그러나 마음과 통증, 기분, 우울감 같은 정신적 부분은 류마티스내과에서 다 다루기가 쉽지 않 아요. 질환이 오래되고 여러 가지가 중첩된 만성질환자 들은 정신적으로 침체되기가 쉽습니다. 당연하겠죠. 몸과 마음은 상호 연결되어 있으니까요. 김경아 환자는 아주 잘하고 있다고 생각합니다. (웃음) 사실 병에 잡아먹힌 환자도 많습니다. 특히 폐경 이후의 여성들은 자녀 문제나 이혼과 사별 같은 환경의 변화 때문에 몸에 영향을 많이 받아요. 그리고 의료진과의 갈등을 잘 다루지 못하는 환자들도 있고요. 이런 분들의 마음, 나아가 영적인 부분은 어떻게 관리하고 해결해야 할까요? 몸과 마음, 영적인 부분을 건강하게 다룰 수 있는 나만의 루틴을 만드는 게 중요합니다. 나와 나의 문제를 객관화하는 것도 중요하고요. 김경아 환자가 정신적이고 영적인 부분에 흔들리지 않으면 좋겠습니다.

김: 네, 잘 새기겠습니다. 이어서 '건강'에 대한 선생님만의 정의를 듣고 싶습니다.

주: 정말 어려운 질문을 하셨습니다. (웃음) 의사들에게 건강은 병이 아닌 상태를 말합니다. 계획이 필요한 질환 상태를 벗어나면 건강이라고 볼 수 있지만, 병이 없다고 다 행복한 것은 아닙니다. 건강은 일종의 스펙트럼과 같습니다. 저는 그리스도인이라서 건강은 '영·혼·육'이 균형을 잘 잡은 상태라고 말씀드리고 싶어요. 그래서 저는 '영·혼·육의 십일조'를 실천하려고 노력합니다. 병원과 연구실에서 일하는 시간을 제외하고, 출근하기 전에 한

시간은 새벽기도, 그리고 운동과 독서를 꾸준히 하려고
해요.

김: 우와! 바쁘신데 이걸 어떻게 다 하세요?

주: 사오 년 전쯤 일종의 '현타'가 왔습니다. 어느 날 저를 돌
아보니 체중도 늘고 배도 나오고 마음도 피폐해지고 그
렇더라고요. 그때 목사님의 설교를 듣고 '영·혼·육의 십
일조'를 꼭 해야겠다 마음먹었고, 실천하려고 노력하고
있어요. 노력하지 않으면 얻을 수 없죠.

김: 제 자신을 돌아보게 되네요. (웃음) 혹시 선생님이 희망
하던 의사상이 있었을까요? 현재 선생님의 모습을 거기
에 비교해 보신다면요?

주: 지금 저는 연구자요 환자를 만나는 의사로 살고 있습니
다. 연구자로서는 제 은사님처럼 꾸준히 일할 생각입니
다. 지금은 가톨릭 의과대학에서 줄기세포에 관해 연구
하고 있어요. 저는 제 연구가 직접 환자들에게 적용되었
으면 좋겠다고 생각했어요. 연구하고 논문 쓰는 것과 환
자에게 적용하는 것은 다른 문제니까요. 연구 성과를 실
용화시키고 싶었죠. 그래서 '입셀'이라는 바이오벤처 회
사를 창업해 골관절염 환자의 연골세포 치료제를 만들
어 임상 연구가 시작된 상태예요(2024년 8월 현재). 말씀

드리고 나니 제가 굉장히 많은 일을 하는 대단한 사람처럼 보실 수도 있겠네요. (웃음) 저는 그저 이 일들을 하면서 허세 부리거나 자만하지 않고 겸손한 사람으로 살겠다고 다짐하고 기도할 뿐입니다.

저 역시 의사로서 이상적으로는 진료실에서 환자와 30분씩 대화를 나누는 인간적인 의사가 되고 싶어요. 특히 처음 오신 환자와는 더 많은 시간이 필요합니다. 하지만 지금 우리나라 현실에서는 불가능합니다. 제가 반나절에 50명만 보고 싶다고 말했지만 병원은 65명 예약을 잡아 줍니다. 이건 병원 쪽에서도 어쩔 수가 없어요. 류마티스내과에는 만성질환자가 많아서 기존의 환자와 새 환자가 쌓이거든요. 3분 진료가 싫지만 어쩔 수 없다는 것을 이제 환자와 의사 모두 어쩔 수 없다고 체념하고 용인한 상태가 아닌가 싶습니다. 이런 시스템이 언제까지 유지될까, 유지되어야 하나 의문이 드는 것은 사실입니다. 의사도 환자도 만족스러운 의료 환경이 조성되면 참 좋겠습니다.

김: 저도 선생님 말씀에 동의합니다! 바쁘신데 시간을 쪼개어 인터뷰에 응해 주셔서 감사합니다. 조만간 환자와 의사로 진료실에서 다시 뵙겠습니다. 감사합니다!

자유롭게, 용감하게, 현명하게

아픔을 품고 삶을 살다

초판 1쇄 발행 2025년 9월 22일

지은이   김경아 김종호
펴낸이   박명준

편집   박명준   펴낸곳 바람이 불어오는 곳
디자인   김진성   출판등록 2013년 4월 1일 제2013-000024호
제작   공간   주소 03041 서울 종로구 자하문로 5, 5층
                        전자우편 bombaram.book@gmail.com
                        문의전화 010-6353-9330   팩스 050-4323-9330
                        홈페이지 bombarambook.com

ISBN 979-11-91887-32-7 03230

바람이불어오는곳 은
삶의 여정을 담은 즐거운 책을 만듭니다.

🅕 🅞 bombarambook